Hanna Schott

KLIMAHELDEN

Von Goldsammlerinnen und Meeresputzern

Mit Bildern von Volker Konrad

NEUFELD VERLAG

Warum ich dieses Buch fast nicht geschrieben hätte, aber jetzt froh bin, dass ich es doch getan habe

Es gibt Wörter, die muss man nur einmal kurz hören, und schon hat man gute Laune. „Schoko-Eis" ist so ein Wort. Oder „Hüpfburg".

Und es gibt Wörter, die muss man nur einmal kurz hören, und schon hat man schlechte Laune. „Zimmer aufräumen" zum Beispiel. Oder „Fahrrad putzen". Ja, das ist wichtig, so was muss sein. Aber man hat nun mal keine Lust.

Zu welcher Sorte Wörter gehören eigentlich „Klima", „Umwelt" und „Klimawandel"?
Für mich gehörten sie bisher immer zu den „Keine Lust"-Wörtern. Zu diesen „Ja, ja, das ist wichtig und man sollte sich drum kümmern"-Wörtern. Gute Laune haben sie mir jedenfalls nie gemacht. Und dann wurde ich gebeten, dieses Buch zu schreiben. Ich musste mir die Antwort nicht lange überlegen: Nein!
Dann dachte ich doch noch mal drüber nach. Das Thema ist wichtig, und auch Kinder sollten sich schon damit beschäftigen. Aber ich selbst, ich möchte das nicht. Weil das alles so traurig ist. Die Erwachsenen haben jahrzehntelang Mist gebaut, und jetzt sieht es für die Kinder düster aus. Das Eis schmilzt. Die

Eisbären und Pinguine leiden. Und so weiter und so weiter. Macht es jemandem Freude, darüber ein ganzes Buch zu schreiben? Und dann auch noch eins für Kinder? Mir nicht.

Weil ich neugierig bin, habe ich doch angefangen zu lesen und zu googeln. Nur mal probehalber. Wie ist das eigentlich mit dem Klima genau? Und wie geht es unserer Umwelt? Wird es überall immer nur schlechter? Ich war mir sicher, dass ich richtig schlechte Laune bekommen würde, wenn ich mich damit beschäftige. Ungefähr so, als würde mir jemand an einem dunklen Wintertag auch noch eine Sonnenbrille aufsetzen. Aber – Überraschung: Meine Laune wurde immer besser. Und wisst ihr, warum? Weil ich beim Googeln, Lesen und Videos-Gucken auf wunderbare Menschen gestoßen bin. Und auf geniale Ideen. Auf Leute, die all ihre Energie aufwenden, damit es unserem Planeten gut geht. Erfinder zum Beispiel, die verrückte Ideen haben, die eine Sache x-mal ausprobieren, bis sie eines Tages wirklich funktioniert. Oder Leute, die sich fragen, wem die Natur eigentlich gehört und wer das Recht hat, sie zu verändern. Die sich schlau machen, welche Gesetze es gibt, und die sogar vor Gericht ziehen, um unserem Planeten zu helfen.
UND: Diese Leute sind längst nicht alle erwachsen. Und nicht alle haben jahrelang studiert. Sie haben auch nicht viel Geld, im Gegenteil: Die meisten haben eher wenig oder sehr wenig Geld. Denn sie sind Kinder.

Das war wirklich die größte Überraschung und schönste Entdeckung: dass sich überall auf der Welt Kinder und Jugendliche für ein besseres Klima und eine gesunde Umwelt einsetzen! Manche haben angefangen, ohne zu wissen, dass andere Kinder gerade etwas ganz Ähnliches tun. Durch das Internet haben sie es dann aber herausgefunden. Und so sind manche Ideen rund um den Globus gereist. Die einen haben von den anderen gelernt und es noch besser gemacht. Oder mit noch mehr Leuten. Als wäre die Welt eine riesige Tischtennisplatte, und überall nehmen Leute, große und kleine, den „Schläger", also ihre guten Ideen, und schlagen sie rund um die Welt. Ping – pong – ping – pong! Und schon ist eine Sache so groß und tatsächlich global geworden, dass sie nicht nur Mini-Veränderungen an einem Ort bewirkt, sondern richtig große Veränderungen an ganz vielen Orten.

Kaum zu glauben? Schlagt dieses Buch an irgendeiner Stelle auf, und ihr findet Beispiele. Beispiele von Kindern aus Deutschland, vielleicht sogar aus eurer Nähe, aber auch welche aus anderen Ländern der Welt.
Und vielleicht geht es euch ja wie mir: Ihr bekommt richtig gute Laune, wenn ihr davon lest. Es könnte sogar passieren, dass manche von euch dabei selbst auf eine gute Idee kommen, einen Plan machen und etwas ausprobieren. Nur zu! Es wird bestimmt etwas Gutes daraus werden!

Mut und Spaß wünscht euch
Hanna Schott

Isabel, Melati und die Reise der Quietsche-Enten

„Es waren einmal viele tausend Quietsche-Enten, die reisten in einem großen Schiff über das Meer."
Das hört sich wie der Anfang eines Märchens an. Ist es aber nicht. Es ist eine wahre Geschichte, die vor knapp 30 Jahren passiert ist. Und so geht sie weiter:
Die Quietsche-Enten waren in Wirklichkeit gar nicht alle echte Quietsche-Enten. Manche waren kleine grüne Quietsche-Frösche, manche blaue Quietsche-Schildkröten, und einige waren rote Quietsche-Biber. Alle waren sie in China hergestellt worden, damit kleine amerikanische Kinder in der Badewanne etwas zum Spielen haben sollten. Dicht gedrängt reisten sie auf einem gigantischen Containerschiff Richtung Osten (um im äußersten Westen unserer Landkarte anzukommen).
Es war der 10. Januar 1992, und sie waren gerade mitten auf dem Pazifischen Ozean, als ein Sturm losbrach. Die hohen Wellen ließen das Schiff erst auf- und niedersinken, dann fing es an zu schwanken.
„Zum Glück sind alle Container gut festgezurrt", dachte der Kapitän. „Eigentlich kann nichts passieren. Im schlimmsten Fall verrutschen sie ein bisschen."

Aber da hatte er sich geirrt. Es dauerte nicht lange, da wurde
der Sturm noch stärker. Zwölf Container lösten sich, rutschten
von Bord – und landeten im Meer. Auch der Container mit den
Quietsche-Enten war dabei. Hohe Wellen nahmen die riesigen
Kisten mit und trugen sie über die stürmische See. 28 800
Plastik-Badetiere gingen auf die Reise.
Erst waren sie im Container unterwegs, dann reisten sie in
großen Gruppen. Ihr Container brach nämlich irgendwann
auseinander, weil das Meer stärker war als jedes Schloss und
jedes Scharnier. Dann wurden die Gruppen kleiner, weil die
Wellen die Badetiere auseinandertrieben. Und schließlich
reiste jedes für sich allein. Hunderte, Tausende von Kilometern.
Monatelang.

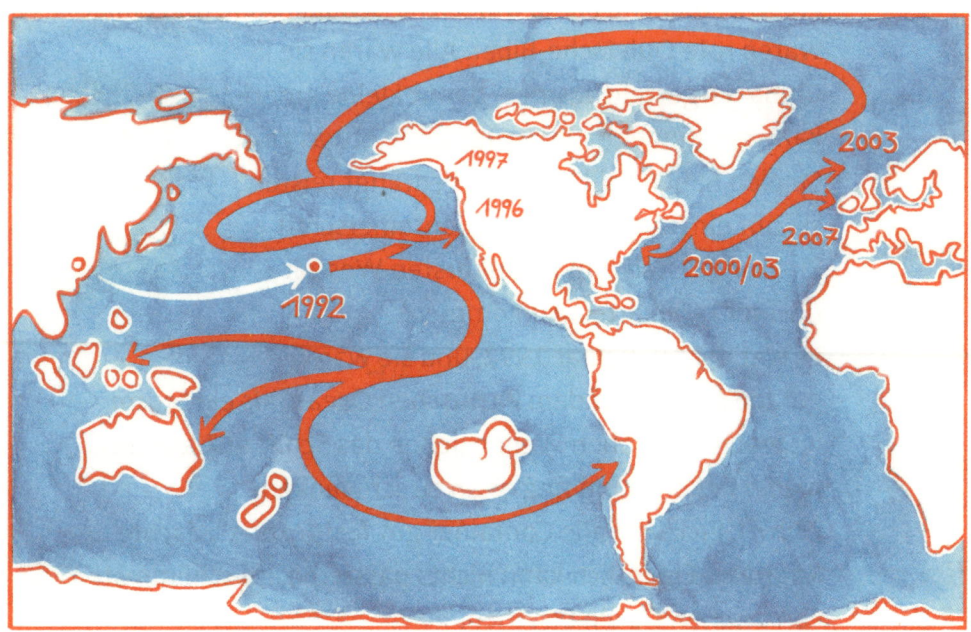

Nach acht Monaten erreichten die ersten Quietsche-Enten Land. Sie strandeten in Alaska, im äußersten Nordwesten des amerikanischen Kontinents. Sie waren ja verladen worden, um in die USA zu reisen, und da waren sie jetzt auch, allerdings sieben Flugstunden weiter nordwestlich. Kinder, die mit ihnen spielen wollten, waren hier keine. Nur Felsen und ein steiniger Strand, kalt und einsam.

Warum fließt das Wasser von hier nach dort und nicht andersherum? Warum ist es hier warm und da kalt?

Und doch wurden die Quietsche-Tiere eines Tages gefunden – und sie wurden sogar berühmt. Ein Spaziergänger, der zufällig an genau diesem Strand entlangkam, wunderte sich nicht schlecht, als er erst einen grünen Quietsche-Frosch, dann eine blaue Quietsche-Schildkröte und zuletzt einen roten Quietsche-Biber fand – an einem einsamen Strand in Alaska!

Er schüttelte aber nicht etwa nur kurz den Kopf und ging weiter. Er blieb stehen und dachte nach. Und da kam ihm eine gute Idee: Dem Spaziergänger fiel Charles Curtis Ebbesmeyer ein, ein Meeresforscher, von dem er mal gehört hatte. Vielleicht konnte der erklären, was die Quietsche-Tiere in Alaska zu suchen hatten? Er rief ihn an.

„Quietsche-Enten an einem Strand in Alaska? Das interessiert mich. Ich komme!", sagte Ebbesmeyer und reiste selbst an den Strand.

Weshalb interessierte sich Ebbesmeyer für billige bunte Plastikspiele-Enten?
Ebbesmeyer ist ein Spezialist für die Erforschung von Meeresströmungen. Warum fließt das Wasser von hier nach dort und nicht andersherum? Warum ist es hier warm und da kalt? In welchem Tempo fließt das Wasser eigentlich und warum ist dieses Tempo nicht überall gleich? Welchen Einfluss hat der Wind? Und welchen haben die Jahreszeiten?
Das Container-Unglück und die Reise der Quietsche-Enten waren für den Forscher wie ein Geschenk des Himmels. Er hatte bei seinen Forschungsreisen schon vieles herausbekommen, aber manches war nur eine Vermutung. Bisher hatte er es nicht beweisen können. Die Entenreise war seine Chance. Die Tiere hatten den Weg ja nicht selber bestimmt. Es mussten die Meeresströmungen sein, die sie nach Alaska gebracht hatten. Und wo waren eigentlich all die vielen anderen Quietsche-Tiere? Noch auf hoher See? Oder schon irgendwo gelandet?

Die Tiere, die in Alaska gestrandet waren, hatten eine Reise von 3200 Kilometern hinter sich gebracht, das heißt, sie hatten etwa elf Kilometer am Tag geschafft. Ebbesmeyer entwickelte ein Computermodell, rechnete und überlegte: Die „Kollegen" der Alaska-Enten waren weiter nach Norden getrieben worden und würden bald im Packeis des Polarmeeres festfrieren – bis zum nächsten Sommer. Dann würden sie auftauen und langsam ostwärts Richtung Atlantik schwimmen. Ob sie den Atlantik überqueren und bis nach Europa kommen konnten? Und woran würde man sie erkennen können?

Ebbesmeyer forschte nach. Ja, alle Badetiere aus diesem Container trugen denselben Aufdruck auf der Unterseite: First Years Inc. Das war der Name der Firma in den USA, die den Auftrag zur Herstellung der Tiere in China gegeben hatte. Man konnte sie also leicht von anderen Plastiktieren unterscheiden. Bald schon war Ebbesmeyer nicht mehr allein. Andere Forscher fanden die Sache auch spannend, und es begann eine weltweite Suche nach den Badetieren. In Australien wurden Tiere gefunden, in Südamerika, in Indonesien, in Grönland, in der Karibik, in Japan ... Auch die Firma First Years fand die Suche spannend. Jetzt wurden ihre Quietsche-Tiere berühmt! Sie setzte deshalb einen Finderlohn aus: 100 Dollar für jedes Plastiktier aus dem verunglückten Container, das irgendwo auf der Welt gefunden wurde.

Erst sah es aus wie ein Wettbewerb: Welches Tier hatte die längste Strecke gereist? Aber dann stellte man fest: Längst nicht alle Tiere waren eine Strecke gereist. Viele, wahrscheinlich sogar die meisten hatten sich einfach nur im Kreis bewegt — aber in einem riesigen Kreis! Ganz langsam, mit etwa einem halben Kilometer pro Stunde.

Und hier wird die ganze Quietsche-Enten-Sache für uns interessant. So hat sie nämlich etwas mit Umwelt und Klima zu tun. Was die Plastiktierchen getan haben, das macht ein Teil des Plastikmülls überall auf der Erde nämlich auch: Er geht auf die Reise. Die Meeresströmungen nehmen ihn auf eine echte Weltreise mit.

Irgendwo am Rhein oder an der Elbe isst jemand einen Becher Eis und wirft danach den Plastiklöffel weg. „Ist ja nur ein kleines Löffelchen", denkt er. „Und was kann ich dafür, dass hier weit und breit kein Mülleimer steht?"

Erst liegt der Löffel auf den Steinen am Strand. Ein paar Tage später regnet es, und der Löffel wird ins Wasser gespült. Er braucht einige Zeit, bis er die Mündung des Rheins oder der Elbe erreicht hat. Dann geht es hinaus in die Nordsee. Monate, vielleicht sogar Jahre später wird genau dieses Löffelchen Zehntausende anderer Eislöffelchen treffen: mitten im Pazifik, dort, wo die Meeresströmungen dafür sorgen, dass unser Plastikmüll seit Jahren Karussell fährt.

Das hört sich lustig an, ist es aber leider nicht. Denn die Menge an Plastikmüll, die im Pazifischen Ozean ihre langsamen Kreise zieht, ist jetzt schon dreimal so groß wie Deutschland. Es ist ein ganzer Müll-Kontinent!

„Aber der Pazifik ist doch riesig. Stört das irgendwen?", fragt sich vielleicht der Eisbecher-Löffelchen-Wegwerfer vom Rhein oder von der Elbe. Ja! Es stört die Fische! Und nicht nur die. Im Meer leben unendlich viele Arten von kleineren und größeren Lebewesen. Die kleineren kleben am Plastikmüll, denn der wirkt im Wasser wie ein Magnet. Die größeren,

Warum findet man heute keins der Quietsche-Tiere mehr? Sie haben sich in allerkleinste Plastikteilchen aufgelöst.

Schildkröten und Vögel zum Beispiel, verheddern sich in Netzen und Tüten und sind gefangen. Und schlimmer noch: Sie fressen das Plastik! Im Lauf der Monate und Jahre zersetzt sich Plastik nämlich. Es zerfällt in kleinere Teile und in noch kleinere Teile und immer noch kleinere Teile, bis man es mit dem bloßen Auge gar nicht mehr sehen kann.

Nur unter dem Mikroskop kann man erkennen: Das ist ein Stück Plastik. Mikroplastik. Kleiner als fünf Millimeter. Ein Fisch kann also unmöglich wissen, ob er gerade Plankton oder ein minikleines Stück von einer Plastikflasche frisst.

Forscher finden Plastik im Bauch von Fischen. Fische fressen nämlich die kleinen Meerestiere, die vorher Plastik aufgenommen haben. Und wer isst den Fisch? Ich! Du! Wir alle. Wenn man mit einem Mikroskop in unseren Bäuchen nachschauen würde, fände man auch dort winzig kleine Plastikteilchen.

Manche sagen: „Dann esse ich eben keinen Fisch mehr!" Das ist aber schade, denn Fisch ist eigentlich gesund. Außerdem gibt es Menschen, die keine Wahl haben. Fisch ist ihr Hauptnahrungsmittel, zum Beispiel in Japan und in der Karibik. Und selbst wenn du keinen Fisch mehr isst: Mikroplastik findet sich inzwischen an allen möglichen Orten und in allen möglichen Dingen, wo man es nicht vermutet. Manchmal wird es sogar extra hineingetan: in Zahnpasta, Shampoo und Duschgel zum Beispiel. Die winzig kleinen Teile sollen auf den Zähnen

Borneo

Bali

oder der Haut reiben und sie so sauberer machen. Aber so kommt *noch* mehr Müll in die Meere!

Es reicht! Das sagen immer mehr Menschen. Und das sagen auch viele Kinder. Isabel und Melati aus Bali zum Beispiel. Und deren Geschichte ist wirklich unglaublich. Fast so unglaublich wie die Reise der Quietsche-Enten.

Isabel und Melati Wijsen sind zwei Schwestern, die auf Bali leben. Das ist eine der ungefähr 17000 Inseln, die zu Indonesien gehören. Bali ist schön, und nicht nur Indonesier, auch Touristen aus aller Welt lieben die Insel, weil man dort so schön im warmen Wasser baden und unter Palmen liegen kann. Aber nur, wenn man den richtigen Strand erwischt. Einen, der jeden Tag gesäubert wird. Wenn man an irgendeinen anderen Strand geht und dort sein Handtuch ausbreiten will, liegt man nämlich auf Müll. Auf Unmengen von Plastikmüll, der aus dem Meer an Land gespült wird. Aber auch auf Unmengen von Müll, der von den Balinesen und den Touristen weggeschmissen worden ist.

Melati + Isabel

Isabel war zehn Jahre alt und Melati war zwölf, als sie im Schulunterricht über „Menschen, die die Welt verändern" sprachen. Menschen wie Nelson Mandela, der viele Jahre im Gefängnis saß, weil er für die Gleichberechtigung von Schwarzen und Weißen in Südafrika und überall auf der Welt eintrat.

Toll!, dachten die beiden. Aber gibt es solche Menschen heute auch noch? Und wo könnte man genau jetzt etwas tun, um die Welt positiv zu verändern?

Eine Sache fiel ihnen sofort ein: all der Müll um sie herum. Plastik, egal, wohin man sah.

Die beiden machten sich schlau. Wo kommt all das Plastik her? Und wo geht es hin? Und wie genau schadet es der Umwelt und dem Klima?

150 Mio. Tonnen Müll im Meer

13,5 Mio. an der Oberfläche

13,5 Mio. am Strand

63,0 Mio. am Meeresgrund

Dass viele Strände in Bali sehr dreckig waren, wussten sie schon lange. Aber sie hatten gar nicht gewusst, wie furchtbar das für die Tiere und Pflanzen ist, die im und am Meer leben. Die Schildkröten zum Beispiel fühlen keinen Hunger, weil ihr Magen voller Plastik ist. Aber von Plastik kann man sich nicht ernähren. Und so kommt es, dass manche sterben – mit vollem Bauch!

Isabel und Melati erfuhren auch: Das meiste Plastik sinkt auf den Meeresboden. Anderes schwimmt auf der Wasseroberfläche, der Rest landet an den Stränden.

„Und was passiert mit dem Plastik, das einge-sammelt wird? Manchmal laufen doch Müllar-beiter herum. Und aus altem Plastik kann man ja sogar neue Sachen machen."

Die Schwestern fragten nach. „Ja, man kann Plastik recyceln, also etwas Neues aus Plastik

machen. Sogar auch eine Fleece-Jacke",
sagte eine Lehrerin. „Aber bei uns in Bali und
auch in anderen asiatischen Ländern wird nur
wenig recycelt. Das meiste wird verbrannt
und verpestet die Luft. Sehr viel stapelt sich
auch auf Deponien, die immer größer werden.
Und irgendwann landet es dann im Meer."

Isabel und Melati sagten nicht: „Schade.
Aber da kann man wohl nichts machen." Die
beiden wurden erst richtig wütend. Und dann
machten sie einen Plan. Eigentlich machten sie gleich
zwei Pläne: Erstens wollten sie selber an die Strände
gehen und Müll sammeln, damit der nicht beim nächsten
Sturm ins Meer gespült wird. Und zweitens wollten sie sich
dafür einsetzen, dass Plastiktüten auf Bali verboten werden.
Plastiktüten waren auf Bali echt eine Pest, fanden die
beiden. Alles wurde in Plastiktüten verpackt. Kaum
jemand ging mit einem Rucksack oder einer
Stofftasche einkaufen. Stattdessen kamen die
Leute mit zehn oder zwölf Plastiktüten aus dem
Laden oder vom Markt. Große, kleine, bunt
bedruckte, schwarze, durchsichtige ... Das
musste sich doch ändern lassen!

Aber erst einmal gingen die
Schwestern an den Strand.
Oh wei! Sie hatten zwar große
Tüten dabei, aber was sie an einem

Wenn man Sachen aus Fleece wäscht, gelangen leider winzige Plastikteilchen über das Abwasser ins Meer. Das kann man verhindern, indem man das Kleidungsstück in ein ganz feines Netz legt. Was in diesem Netz hängenbleibt, kommt in den Restmüll und wird verbrannt.

einzigen Nachmittag fanden, war doch mehr, als sie sammeln und wegtragen konnten. Da waren Plastikflaschen, CD-Hüllen, Feuerzeuge, Flipflops, Kabel, Zahnbürsten, ein Eimer, ein Stück Rohr, zwei Kreditkarten, Folien, etwas, das aussah, als wäre es ein Fensterrahmen. Und natürlich jede Menge Zigaretten- stummel und Eispapiere. Allein würden sie es niemals schaffen, den Strand ganz sauber zu bekommen. Und erst recht nicht alle Strände der Insel. Sie mussten ganz viele Menschen finden, die auch etwas ändern wollten. Kinder und Erwachsene. Und am besten gleich auch Bürgermeister und Politiker. Genau! Bürgermeister und Politiker! Die sollten auch etwas gegen den Müll tun.

Als sie wieder zu Hause waren, setzten Isabel und Melati sich hin und schrieben eine Online-Petition. Das ist ein Aufruf im Internet, bei dem jeder, der die Sache gut findet, seinen Namen eintragen kann. Dann hat er sozusagen elektronisch unter- schrieben und gehört mit zu denen, die eine bestimmte Sache fordern. Nach Stunden zwischen all dem Müll waren sie so richtig schön sauer. Und mutig! Deshalb richteten sie die Peti- tion direkt an den Gouverneur von Bali. Und sie erfanden auch gleich einen Namen für ihre Aktion: „Bye, bye, Plastic Bags!" – „Tschüs, Plastiktüten!" Am liebsten hätten sie gleich alle Arten von Plastikmüll bekämpft, die sie an diesem Tag gesehen hatten. Aber das würde nicht klappen. Deshalb nahmen sie sich erst mal das vor, was sie am meisten geärgert hatte: die vielen Plastiktüten. Ihre Forderung: Der Gouverneur von Bali sollte ein Gesetz erlassen, das den Gebrauch von Plastiktüten verbietet.

Sie schrieben auf Englisch, damit möglichst viele Menschen es lesen konnten. Als der Text fertig war, stellten sie die Petition online und gingen ins Bett. Und als sie am nächsten Morgen aufwachten und nachsahen ... Konnte das wahr sein? – Da hatten tatsächlich mehr als 6 000 Menschen unterschrieben! 6 000! In einer Nacht! Für viele war es nämlich gar nicht Nacht gewesen, sondern Tag, als Isabel und Melati ihre Petition online stellten: In Europa und Amerika hatten Tausende ihren Text gelesen und unterschrieben, während die beiden schliefen. Aber auch Leute aus Australien, Indonesien und vielen

asiatischen Ländern hatten den Aufruf schon gelesen und wollten mitmachen.

Und jetzt?
Erst mal weiter Müll sammeln. Von einer Unterschrift im Internet wird ja noch kein Strand sauber. Aber jetzt waren Isabel und Melati nicht mehr allein. Immer mehr Kinder und Erwachsene machten mit. Erst zehn oder zwölf, dann hundert, schließlich einige Hundert (natürlich nicht alle an einem Strand). Im Februar 2017, fünf Jahre nach der ersten Sammel-aktion, machten 12 000 Leute beim großen „Beach Clean-Up" mit. Sie sammelten 43 Tonnen Müll an einem einzigen Tag! Ein Jahr später, im Februar 2018 waren es schon 20 000 Leute, und die sammelten nicht nur auf Bali Müll, sondern auch auf vielen der Nachbarinseln: auf Lombok, auf Java, auf Nusa und Lembongan ... Die Inseln wurden auf diese Weise von 65 Tonnen Müll befreit! 2019 geht es weiter. Wie viel Müll gesammelt wurde, könnt ihr hier nachlesen: www.byebyeplasticbags.org.

Isabel und Melati kennen natürlich längst nicht mehr alle, die dabei sind. Und sie können das alles auch gar nicht mehr selbst organisieren. Aber das macht nichts. Es gibt ja so viele Menschen, die etwas für eine veränderte Welt tun wollen. Überall, nicht nur auf Bali. Die Idee der beiden ist sozusagen um die Welt gereist und hat überall Leute auf weitere gute Ideen gebracht. Oder Menschen verbunden, die vorher gar nichts voneinander wussten. In Estland zum Beispiel gibt es schon seit 2008 den „Clean Up Day", eine Art Putztag, an dem Müll gesammelt wird. Jetzt machen 150 Länder mit, auch Deutschland. Und natürlich sind Isabel, Melati und viele, viele Leute von „Bye, bye, Plastic Bags" dabei. Sie alle haben sich ein Ziel gesetzt: In jedem Land sollen fünf

Prozent der Bevölkerung mitmachen, also jeder 20. Einwohner. Wenn man bedenkt, dass Babys, sehr alte Leute und Kranke nicht mitmachen können, müssen von allen anderen ganz schön viele mitmachen! Aber es macht natürlich auch Spaß, Teil einer so großen, weltweiten Aktion zu sein.

Und was ist mit den Plastiktüten auf Bali?
Der Gouverneur ließ sich erst einmal Zeit. Er fand nicht, dass die Sache sehr eilig war. Da waren Isabel und Melati aber ganz anderer Meinung! Und sie hatten wieder eine Idee, diesmal aber eine ziemlich gefährliche. Als sie in der Schule über „Menschen, die die Welt verändern" gesprochen hatten, war auch Mahatma Gandhi dabei gewesen. Der hatte mehrmals aufgehört zu essen, wenn er eine Sache ganz unbedingt durchsetzen wollte und niemand auf ihn hörte. Durch seine Hungerstreiks wollte er zeigen, dass es ihm sehr ernst war und dass

er auch bereit war, für seine Ideen zu leiden. Einmal hungerte Gandhi sogar drei Wochen lang.

Wir könnten doch auch in einen Hungerstreik treten, sagten sich Isabel und Melati. Und sie hörten tatsächlich auf zu essen. Zum Glück verstand der Gouverneur sehr schnell, wie ernst es den beiden war. Er unterschrieb, dass spätestens ab dem Jahr 2018 Plastiktüten auf Bali verboten sein sollen. Und schon nach 24 Stunden konnten die beiden Schwestern wieder anfangen zu essen.

Damit aus dem Versprechen des Gouverneurs auch wirklich etwas wird, helfen Melati und Isabel seitdem den Ladenbesitzern auf Bali, sich von Plastiktüten zu verabschieden. Bisher haben die jeden Monat bis zu 200 Euro für Plastiktüten ausgegeben. Jetzt schenken die Schwestern ihnen Einkaufstüten aus Stoff oder Papier, die sie ihren Kunden mitgeben können. Natürlich haben die beiden nicht genügend Geld, um die Tüten zu kaufen. Aber seit der Online-Petition gibt es Menschen aus der ganzen Welt, die ihnen dafür Geld spenden.

Gute Nachricht! Als dieses Buch schon fast fertig war, ist die Entscheidung gefallen: Seit dem 1. Januar 2019 sind Plastiktüten auf Bali verboten. „Bye, bye, Plastic Bags" hat gewonnen!

Wenn ihr die Schwestern sehen und hören wollt: Im Internet findet ihr sie leicht. Die beiden erzählen auf großen Konferenzen und Festivals, wie wichtig es ist, dabei mitzuhelfen, dass die Welt nicht in Plastik ertrinkt. Für ihren Mut und ihre guten Ideen haben die Schwestern schon viele Preise bekommen. In Deutschland ist ihnen 2017 der „Bambi" verliehen worden. Das ist ein Fernsehpreis „für Menschen mit Visionen und Kreativität".

Es gibt einen Satz, den Isabel und Melati immer wieder sagen, wenn sie den Erwachsenen erklären, was anders werden muss: Kinder sind ungefähr 25 % der Weltbevölkerung. Aber sie sind 100 % der Zukunft.

In Sachsen gibt es die Christliche Schule Dresden, in der sich Schüler und Lehrer schon seit Jahren besonders für Klima und Umwelt einsetzen. Einige von ihnen sind 2015 sogar zum Klimagipfel nach Paris gefahren. Und dort haben sie Isabel und Melati persönlich kennengelernt. Die waren um die halbe Welt nach Paris gereist, und machten den Dresdnern Mut: Jede und jeder kann etwas erreichen!
Seitdem engagieren sich alle noch mehr: Es gibt eine Kleidertauschbörse, Fahrrad-Handy-Aufladestationen, einen Nachhaltigkeits-Poetry-Slam, Flashmobs und vieles mehr. 2017 haben sie ein ganzes „Klimajahr" durchgeführt, und damit hat die Schule den „Bundes-Energiesparmeister" gewonnen, einen Umweltpreis. Seit 2018 darf sie sich „Klimaschule Sachsen" nennen.

Deutschland

Dresden

Für dieses Buch haben einige Kinder noch einmal zu Isabel und Melati Kontakt aufgenommen und den beiden Fragen gestellt – und sich dann riesig gefreut, als die Schwestern ihnen geantwortet haben.

Habt ihr erwartet, dass euer Projekt so groß wird?
Nein! Das hätten wir uns nicht träumen lassen! Heute gibt es BBPB an 30 Orten in 26 Ländern, und überall sind es Kinder und Jugendliche, die die Sache leiten. Das überrascht uns immer noch. Wir sind sooo froh, dass überall Leute aktiv werden!

Was denkt ihr: Was war der Grund dafür, dass ihr so erfolgreich wart?
Unser Team! Wir haben immer als Gruppe zusammengearbeitet, um unsere Ziele zu erreichen. Das ist überhaupt etwas, das wir gelernt haben: Man muss sich Leute suchen, die so ähnlich ticken wie man selbst.

Wie habt ihr die Politiker überzeugt, dass sie euch zuhören müssen?

Da mussten wir uns echt was einfallen lassen. Zusammen mit einem ganzen Team haben wir den Politikern ständig Briefe geschrieben, sie in ihren Büros besucht, sie angerufen ... Dabei haben wir festgestellt, dass man wirklich sehr hartnäckig sein und immer dranbleiben muss, damit etwas passiert.

Werdet ihr finanziell unterstützt? Von wem?
Am Anfang waren unsere Eltern unsere größten Unterstützer. Jetzt lebt BBPB von privaten Spendern. Daneben gibt es Firmen, die unser Anliegen unterstützen und mit uns eine Partnerschaft eingegangen sind.

Wollt ihr auch etwas studieren, das mit Umwelt und Klima zu tun hat?
Klar! Die Umwelt und wie man sie schützen kann, ist DAS große Thema, das uns begeistert. Aber bis wir mit dem Studium beginnen können, müssen wir noch eine Weile zur Schule gehen.

Was sind eure Hobbys?
Am liebsten sind wir mit Freundinnen und Freunden zusammen. Dann tanzen wir oder hören Musik. Melati liest und schreibt sehr gerne, Isabel liebt das Tanzen. Sie chillt auch gern mit Freunden und guckt mit ihnen Spielfilme.

Wollt ihr noch weitere Projekte durchführen? Wenn ja: Welche Ideen habt ihr?
Ja! Wir haben noch viele Ideen – und viel zu tun! Ein paar Beispiele: Mit „Mountain Mamas" („Berg-Mütter") wollen wir

Frauen ermöglichen, Taschen aus wiederverwendetem Material herzustellen.

Mit einer Art kleinem Schulbuch (nur 60 Seiten stark) wollen wir Grundschulkinder erreichen, die noch kein Englisch können. Es ist in der Sprache ihrer Volksgruppe geschrieben. Und dann versuchen wir noch möglichst viele Geschäfte auf Bali dazu zu bringen, auf Plastiktüten, Plastikbecher und so weiter zu verzichten. Und Müll zu trennen.

Seid ihr stolz, dass ihr das alles geschafft habt, oder seid ihr an manchen Punkten auch noch unzufrieden?
Wir sind richtig stolz! Da haben wir was geschafft. Jetzt interessieren sich mehr Leute für das Plastikproblem als jemals zuvor. Aber es gibt noch eine Menge zu tun!

Was hat euch motiviert weiterzumachen, als das Gesetz schon beschlossen war?
Am meisten motiviert uns immer die Natur selbst. Wenn wir draußen unterwegs sind, tanken wir all die Energie, die wir brauchen. Da sehen wir die Schönheit, die wir schützen müssen; die Welt, die wir erhalten wollen.

Oskar, Matilde und die Essensretter

Du nimmst eine Milchtüte aus dem Kühlschrank. Am oberen Rand steht

2.10.2020

A4 154 10:19

Was heißt das?

☐ 1. Diese Milch wird am 2.10.2020 um 10.19 Uhr schlecht. Vorher kann man sie gut trinken. (A4 154 ist nur eine industrielle Prüfnummer und braucht den Kunden nicht zu interessieren.)

☐ 2. Diese Milch kann man bis zum 2.10.2020 gut trinken, danach übernimmt die Molkerei keine Haftung mehr, falls sie sauer ist oder einem schlecht wird. Die Milch ist auf der Autobahn A4 154 Kilometer weit transportiert worden. Um 10.19 Uhr wurde sie auf den LKW geladen.

3. Diese Milch hält sich mindestens bis zum 2.10.2020, wenn die Tüte verschlossen bleibt. A4 154 ist die sogenannte Chargennummer. Mit dieser Nummer kann man also alle Milchtüten erkennen, die zusammen abgefüllt worden sind. Falls mal etwas mit dieser Milch nicht in Ordnung sein sollte, könnte man alle Tüten aus dieser Produktion zurückrufen. („Zurückrufen" heißt, dass die Leute die Milch nicht trinken sollen, sondern im Laden gratis eine neue Tüte bekommen.) 10:19 heißt: Die Milch wurde um 10.19 Uhr abgefüllt.

4. Die Milch sollte man bis zum 2.10.2020 trinken. Die Kuh, die diese Milch gegeben hat, heißt A4 154. (Alle Kühe haben eine Kennziffer.) Sie ist um 10.19 Uhr gemolken worden.

Was stimmt? Oder hast du vielleicht eine ganz andere Erklärung?

Nr. 3 ist richtig.

Die Sache mit den Zahlen auf der Milch ist eine Kleinigkeit, aber sie hat GROSSE Bedeutung! Wie diese Zahlen verstanden werden, beeinflusst das Verhalten von Tausenden, sogar von Millionen Menschen. Und das beeinflusst wiederum das Klima auf der Erde. Man kann es kaum glauben, aber es ist wahr. Oskar (acht Jahre alt) und Matilde (elf Jahre alt) haben diesen Zusammenhang erforscht – und das hat jetzt Auswirkungen für ein ganzes Land.

Oskar und Matilde wohnen in Bergen,
das ist eine Stadt an der Westküste von
Norwegen. Genau wie ihre Mutter Mette
interessieren sich die beiden für alles,
was in der Natur vorkommt: für Tiere,
Pflanzen und das Wetter.

Mette arbeitete früher in einem Recyclingunter-
nehmen, also in einer Firma, die sich darum kümmert, dass aus
Sachen, die Leute wegwerfen, möglichst etwas Neues entsteht.
Dabei merkte sie, WIE VIEL in Norwegen weggeworfen wird.
Unfassbar!, dachte sie, und das erzählte sie zu Hause auch
Oskar und Matilde.

„Wir werfen nicht so viel weg!", sagten Oskar und Matilde.
„Seid ihr euch sicher?", fragte Mette und ging an den Kühl-
schrank, um sich einen Schluck Milch in den Kaffee zu gießen.
Wie gewohnt, guckte sie dabei kurz auf das Haltbarkeitsdatum
auf der Milchpackung. „Mist", sagte sie genervt. „Die
Milch ist abgelaufen. Jetzt muss ich schwarzen
Kaffee trinken. Dabei mag ich den doch gar nicht."

„Gib mal her!", rief Matilde. „Wenn die Milch echt
schlecht ist, rieche ich das."
Die Milch roch nicht. Jedenfalls nicht säuerlich.
Matilde trank erst einen ganz kleinen Schluck,
dann einen kräftigen. „Schmeckt ganz normal.
Probier' du mal, Oskar."
Und weil Oskar durstig war, setzte er die Packung
an den Mund und trank sie fast leer.

Bergen ist einer der
Orte mit dem meisten
Regen in ganz Europa,
weil die Wolken, die
über dem Atlantik
treiben, dort das erste
Mal auf Land stoßen.
Da reden die Leute
oft über das Wetter.

„Stopp!"; rief Mette. „Ich brauche noch einen Schluck für meinen Kaffee!"

Und so kam es, dass Matilde und Oskar sich für die Zahlen auf der Milchpackung interessierten. *Mindestens haltbar bis* heißt nicht: *Ab diesem Datum kann man die Milch nicht mehr trinken.* Es heißt nur: *Bis zu diesem Datum ist die Milch ganz sicher noch gut.*
Und danach?
Matilde hat einen besonders guten Geruchssinn. Und Oskar merkt sofort, wenn etwas anders schmeckt als sonst. Mette guckt immer ganz genau, ob die Milch auch keine Klümpchen hat, sondern ganz glatt fließt. Wofür hat man denn Nase, Mund und Augen?! Die drei fingen an, nicht mehr auf das Haltbarkeitsdatum zu schauen, sondern alle Lebensmittel selbst zu testen: Wie riecht die frische Orange? Wie schmeckt der Apfelsaft, wenn die Flasche schon eine Woche offen ist? Wie fühlt sich die Tomate an? Wenn sie für den Salat schon zu weich ist, kommt sie eben in die Soße.

Langsam bekamen Oskar und Matilde Spaß an ihrer „Arbeit" als Lebensmitteltester. Selbst für die Milch, die wirklich nicht mehr gut roch, fiel ihnen noch etwas ein: Sie rührten sie in den Waffelteig, und die Waffeln schmeckten prima. Das fand vor allem ihre Oma. „Früher haben wir immer die alte Milch für die Waffeln verwendet. Damit werden die sogar noch besser!", rief sie begeistert.

Bald darauf hatten Oskar, Matilde und Mette eine Idee: Sie
schrieben einen Brief an die Molkerei, deren Name auf den
Milchpackungen stand.

Liebes Team von der Molkerei,
wir haben festgestellt, dass Ihre Milch viel länger hält als nur
bis zu dem Datum, das auf der Packung steht. Bestimmt gibt
es aber viele Leute, die die Milch nur deshalb wegschütten,
weil das Datum abgelaufen ist.
Könnten Sie nicht etwas anderes auf die Packung schreiben?
*Unser Vorschlag: **Am besten vor dem** (hier steht dann das*
*Datum), **aber nicht schlecht danach.***
Was halten Sie davon?
Wir würden uns sehr freuen, von Ihnen zu hören!
Ihre Familie Nygård-Havre aus Bergen

Und tatsächlich: Die Molkerei antwortete den dreien. Total
freundlich. Man kann es fast nicht glauben, aber es ist wahr:
Auf den Milchpackungen der Molkerei steht seitdem nicht
nur der Satz, den Oskar, Matilde und Mette vorgeschlagen
haben – weiter unten auf der Packung steht sogar: *Wir danken*
Familie Nygård-Havre, die uns aufgefordert hat, die Angabe zur
Haltbarkeit zu verändern.
Ist das nicht grandios?! Auf zehntausenden Milchpackungen
steht jetzt ein anderer Satz. Eine kleine Familie in einem kleinen
Land hat eine große Veränderung bewirkt!

Aber ist diese Veränderung wirklich so wichtig? Ist es denn sooo
schlimm, wenn man ab und zu einen Liter Milch wegschüttet,

Familie Nygård-Havre

weil das Datum abgelaufen ist? Milch ist doch nicht so teuer. Da geht doch nur etwa ein Euro verloren.

Stimmt. Wer einen Liter Milch wegschüttet, wirft, in Geld ausgedrückt, nur einen Euro weg. Aber er vergeudet auch 100 Liter Wasser. Das ist so viel, wie in eine Badewanne geht, die man nicht ganz voll macht. Oder er vergeudet sogar deutlich mehr. Warum? Stell dir eine Kuh vor, die im Stall steht. Sie hat Durst und trinkt Wasser. Der Stall wird geputzt – mit Wasser. Die Kuh frisst Heu und verschiedene Arten von Futter – um das alles anzupflanzen und wachsen zu lassen, wurde viel Wasser verbraucht. Wenn die Kuh nur im Stall steht und nicht auf der Weide grast, wo ja Regen für die Bewässerung sorgt, dann stecken in jedem Liter Milch, den die Kuh gibt, sogar noch viel mehr als 100 Liter Wasser. Dann können es bis zu 400 Liter Wasser sein! Wenn weniger Milch weggeschüttet würde, brauchte man nicht so viel Milch zu produzieren. Dann könnte man auch weniger Futter anbauen. Weniger Pflanzen müssten weniger bewässert werden. Und dann brauchten überhaupt nicht so viele Kühe im Stall zu stehen. Weniger Kühe würden auch weniger trinken. Und ein kleinerer Stall würde mit weniger Wasser geputzt ... Ja, dann, dann, dann ...

Das alles hat auch mit dem Klima zu tun. Landwirtschaftliche Maschinen fahren durch die Gegend und stoßen Abgase aus, die Kühe rülpsen und furzen (ja, das hat wirklich etwas mit dem Klima zu tun, frag mal deine Lehrerinnen, was Methangas ist), und das Abwasser, in das die vergeudete Milch geflossen ist, muss gereinigt werden. Dazu braucht man wieder Maschinen, die Strom verbrauchen, und so weiter und so fort.

Du siehst, wie groß die Auswirkungen sind, die auch scheinbar kleine Dinge haben. Das ist einerseits erschreckend. Aber andererseits kann es auch Mut machen: Kleine gute Dinge können große Veränderungen bewirken! Man muss nicht Landwirtschaftsminister sein, um unserem Planeten zu helfen. Das kann jeder. Jeder Erwachsene und jedes Kind.

Am besten fängt man damit an, wenn man im Supermarkt steht. Es ist nämlich so: Je länger ein Lebensmittel reist, bevor du es isst, desto mehr hat seine Reise dem Klima geschadet. Nicht nur der Transport von Menschen kostet ja viel Energie und erzeugt CO_2, ein klimaschädliches Gas. Beim Transport von Lebensmitteln ist es genauso.
Der Apfel, der an einem Baum auf eurem Schulhof wächst, tut das, ohne dass ihr etwas dafür unternehmt. Irgendjemand hat vor vielen Jahren diesen Baum gepflanzt, oder der Wind hat einen Apfelkern, der zu Boden fiel, an diese Stelle geweht. Dort hat er Erde gefunden und ist gewachsen. Die Bienen haben die Apfelblüten bestäubt, der Regen hat seinen Durst gestillt, die Sonne lässt die Früchte reifen. Alles „einfach so", gratis und nebenbei! Wenn du diesen Apfel vom Baum pflückst (frag lieber vorher, ob du das darfst) und gleich isst oder im Ranzen nach Hause trägst und dort isst, ist die Geschichte perfekt zu

Ende gegangen: Der Apfel musste nicht gelagert und dabei wochenlang gekühlt werden. Und er wurde auch nicht mit dem Flugzeug um die halbe Welt transportiert, weil bei uns gerade keine Äpfel reif sind.

Aber natürlich ist das nicht bei allen Lebensmitteln möglich. Orangen und Kiwis wachsen bei uns nun mal nicht. Und die Äpfel vom Baum auf eurem Schulhof reichen nicht für alle, die einen Apfel essen wollen. Wenn du in einem Dorf wohnst, gibt es vielleicht genügend Äpfel aus den eigenen Gärten für alle Dorfbewohner, aber in einer Stadt reicht das niemals. Es müssen also Apfelbäume gepflanzt und Äpfel transportiert werden. Und wenn wir Kiwis essen wollen, müssen die viele tausend Kilometer fliegen oder in Gewächshäusern angebaut werden. Die Flugzeuge brauchen Kerosin (so heißt ihr Treibstoff), die Gewächshäuser müssen beheizt werden und so weiter. Das alles ist aber nicht nur negativ. Vor 100 Jahren und mehr hatten die Menschen in unserem Teil der Welt im Winter nicht selten Hunger, weil auf den Feldern nichts mehr wuchs und die Vorräte aufgebraucht waren. Außerdem litten sie oft unter Vitamin- und Nährstoffmangel und wurden häufig krank. Das kommt heute kaum noch vor. In jedem Supermarkt kann man zu jeder Jahreszeit fast alles kaufen, was einem schmeckt und was der Körper braucht, um gesund zu bleiben. (Und auch viele Dinge, die der Körper nicht braucht. Oder kennst du jemanden, der krank geworden ist, weil es ihm an Marshmallows und Zigaretten fehlte?)

Und trotzdem leidet das Klima unter den vielen Obst- und Gemüsereisen.

Äpfel und Kiwis sind aber nur ein ganz kleines Problem. Ein richtig großes ist das Fleisch, das wir essen. Wenn eure Familie einen Wald besitzt, und in diesem Wald gibt es Rehe, und dein Vater oder deine Mutter haben einen Jagdschein, erlegen ein Reh, bereiten es zu, und ihr esst das Fleisch, dann ist alles okay, und ihr könnt mit dem besten Gewissen der Welt euer Wildbret essen (so nennt man den Braten vom Wild). Aber wer hat schon einen Wald und geht auf die Jagd? Normalerweise kauft man Fleisch beim Metzger oder im Supermarkt. Wenn das Fleisch abgepackt ist, erkennt man meistens nicht mehr, von welchem Tier es ist, aber egal, das steht ja auf der Packung. Dieses Tier kommt aus einem Stall (oder aus Käfigen, wenn es Geflügel ist), und der Züchter hat es mit Futter, Wasser und meistens auch mit Medikamenten versorgt.

Das Futter ist auf Feldern gewachsen: Getreide, Grünfutter, Mais – das meiste davon könnten auch wir Menschen essen. Tun wir aber nicht. Genauer: Wir essen das, was auf einem großen Teil der Felder wächst, erst, wenn es zuvor an Tiere verfüttert und zu Fleisch geworden ist. Wir nehmen all das also auf einem Umweg zu uns.

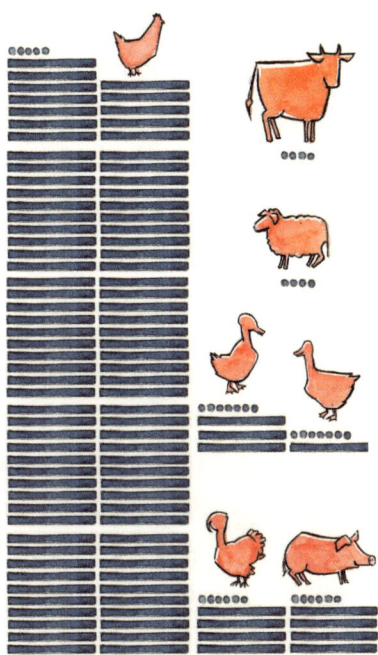

In Deutschland isst jeder Mensch im Laufe seines Lebens durchschnittlich 1094 Tiere: 945 Hühner, 46 Schweine, 46 Puten, 37 Enten, 12 Gänse, 4 Rinder und 4 Schafe. Das sind etwa 85 Kilogramm pro Jahr; etwa so viel, wie ein kräftiger erwachsener Mann wiegt.

Um große Massen von Tierfutter anzubauen, braucht man aber viel Land. An vielen Orten der Welt werden deshalb Bäume gerodet, besonders, um Platz für Sojapflanzen und Mais zu schaffen. Aber Bäume sind bekanntlich wichtig für ein gutes Klima (davon erzählt Felix, S. 54). Wenn ganze Wälder gerodet werden, um Tierfutter anzubauen, kann man also wirklich sagen: Fleisch frisst Land. Und unsere Luft wird schlechter!

14 % der Klimaprobleme haben mit dem Autoverkehr zu tun.

25 % der Klimaprobleme haben mit unserer Ernährung zu tun.

61 % haben andere Ursachen.

Aber auch hier bewirkt wenig sehr viel: Wenn alle Deutschen an einem zusätzlichen Tag in der Woche auf Fleisch verzichten würden, wäre das für unser Klima so hilfreich, als würden sie 75 Milliarden (75 000 000 000!) Kilometer weniger mit dem Auto fahren – oder als würde jedes zehnte Auto von der Straße verschwinden.

Und, genauso wichtig: Wenn wir keine Lebensmittel mehr wegwerfen, sondern überlegter und sparsamer einkaufen würden, dann brauchte eine Fläche, die so groß ist wie Mecklenburg-Vorpommern, gar nicht mehr bebaut werden. Denn alles, was auf einer so riesigen Fläche wächst, landet im Müll. Es wird also erst mühsam angebaut, gedüngt, bewässert, mit Pflanzenschutzmitteln besprüht, geerntet, verarbeitet, abgepackt, transportiert, im Laden eingeräumt, verkauft, wieder transportiert, gekühlt – und dann

Jeder Deutsche wirft im Schnitt jedes Jahr so viele Lebensmittel weg, wie in zwei vollgepackte Einkaufswagen passt: 82 Kilo Lebensmittel, die zusammen 235 Euro kosten. Das macht für alle Deutschen zusammen einen unvorstellbaren Berg, der 6 700 000 Tonnen wiegt und 19 201 220 Euro wert ist.

weggeworfen. Ist das nicht der Wahnsinn?! Und selbst die Entsorgung frisst ja noch Energie und Platz. Denk nur an die Mülleimer, Müllautos und Müllverbrennungsanlagen. (Vom Verpackungsmüll habt ihr ja schon in der Geschichte von Isabel und Melati gehört.)

Dabei lässt sich unser Verhalten an dieser Stelle ziemlich leicht ändern. Von jedem von uns. Denn auch Kinder beeinflussen, was gekauft und was weggeworfen wird. Wenn für eure Familie demnächst mal wieder ein Großeinkauf ansteht, dann sagt doch einfach: Ich komme mit! Und dann guckt euch alles ganz genau an, vergleicht und überlegt mal, wie weit die Lebensmittel gereist sind und ob ihr das alles wirklich braucht und aufessen könnt.
Noch besser ist, wenn ihr vorher den Kühlschrank komplett ausräumt und guckt, was da alles noch ist und welche Mahlzeiten ihr daraus machen könntet. Und dann gibt es noch den Vorratsschrank oder Tiefkühlfächer ...
Vielleicht müsst ihr gar nicht einkaufen?
Jedenfalls nicht heute?

Ein Tipp: Am besten ist es, wenn ihr vor allem die Lebensmittel esst, die
1. aus eurer Region (Gegend) stammen und
2. in dieser Saison (in dieser Jahreszeit) geerntet werden.
Ein deutscher Apfel, der von September bis Februar in einem

Biologisch und *ökologisch* ist übrigens nicht dasselbe wie *fair* oder *Fair-Trade*. Bei **bio** und **öko** geht es darum, ob chemische Zusätze wie Spritzmittel eingesetzt wurden, und bei Fleisch darum, ob den Tieren Medikamente gegeben wurden und wie viel Platz jedem Tier im Stall zur Verfügung steht. Außerdem geht es um die Transportwege und Kühlzeiten. *Fair* oder *Fair-Trade* darf auf Sachen stehen, die unter guten Arbeitsbedingungen produziert wurden und für die die Arbeiterinnen und Arbeiter gerechte Löhne bekommen haben. Manchmal hat man auch Glück, und ein Lebensmittel ist bio, öko und fair auf einmal. Dann erst recht guten Appetit!

Kühlhaus lag und mit viel elektrischer Energie kalt gehalten wurde, ist leider auch nicht klimafreundlicher als ein Apfel, der von Neuseeland bis zu eurem Supermarkt mehr als 18 000 Kilometer gereist ist.

Übrigens: Matilde, Oskar und Mette haben nach ihrem Erfolg mit der Molkerei nicht aufgehört, sich für Veränderung einzusetzen. Eigentlich haben sie danach sogar erst richtig angefangen. Sie haben nämlich eine Kampagne gegründet. *Spis opp maten* – „Iss dein Essen auf!", heißt sie. Durch diese Kampagne sollen alle Norweger begreifen: Das Haltbarkeitsdatum ist kein Wegwerfdatum. Viele tausend Leute, die durch das Internet davon gehört haben, machen jetzt mit. Sie nennen sich Essensretter, und sie setzen sich alle gemeinsam dafür ein, dass auch andere Firmen den Aufdruck auf den Lebensmittelverpackungen ändern. Inzwischen verwenden weitere Molkereien

den neuen Aufdruck, auch eine Marmeladenfabrik ... Wer weiß,
wer sich ihnen noch anschließt?
Mehr findest du hier: www.spisoppmaten.no. Geh ruhig auf
diese Seite, auch wenn du kein Norwegisch kannst. Dann siehst
du, was für eine nette Sprache das ist. Manche Wörter wirst du
gleich verstehen. *Matredder* sind zum Beispiel die Essensretter.
Außerdem findest du Bilder von Oskar und Matilde.

Liam und die Fahrradpolizei

Stell dir vor, du würdest auf einem Fahrrad sitzen und durch eine große Stadt fahren. Nicht auf kleinen Sträßchen, sondern auf den ganz großen, breiten Straßen, die mitten durch die Stadt führen. Und stell dir weiter vor, du müsstest auf keine Ampel achten. Ob rot oder grün – du dürftest einfach immer weiterfahren. Wenn du an einer Kreuzung einem Auto

begegnest, würde das Auto immer anhalten, jedes Auto! Und
du dürftest weiterfahren. Auch Fußgänger würden warten,
bis du vorbei bist, ehe sie die Straße überqueren. Sogar Busse
würden dir den Vortritt lassen. Dicke LKW würden anhalten,
damit du nicht bremsen und absteigen musst! Vor lauter
Freude würdest du laut klingeln, und alle Radfahrer neben dir
würden auch anfangen zu klingeln. (Du wärst natürlich schon
ziemlich bald nicht mehr allein, weil so etwas total Spaß macht
und mehr und mehr Radfahrer dazukämen.) Ihr würdet fahren

und fahren – nur wenn ihr das Martinshorn hört, würdet ihr natürlich anhalten und den Rettungswagen, die Polizei oder die Feuerwehr vorbeilassen. Aber dann ginge es weiter, einfach immer weiter, kreuz und quer durch die Stadt, rund um die Parks und großen Gebäude. Besonders lustig wäre es, durch Tunnel und Bahnunterführungen zu fahren. Da hallt es so schön, wenn man klingelt oder laut ruft.

Du glaubst, das wäre ein Traum? Das ist es auch! Aber einer, der einmal im Monat wahr wird. Liam weiß es, denn er hat es selbst erlebt. Nicht nur einmal, sondern schon ganz oft. Und zwar in Hamburg, wo es wirklich SEHR große Straßen und SEHR viel Autoverkehr gibt. Dort mit Hunderten von anderen Radfahrern über den Jungfernstieg zu radeln (so heißt die Straße wirklich), ist einfach der Wahnsinn. Bevor seine Eltern ihn vor drei Jahren zum ersten Mal mitgenommen haben, wusste Liam gar nicht, dass stundenlanges Fahrradfahren mitten in der Stadt solchen Spaß machen kann. Er war erst sechs Jahre alt und wusste nur, dass man AUF KEINEN FALL bei Rot über eine Ampel fahren darf. „Das ist lebensgefährlich!"
Stimmt ja auch. Aber nicht, wenn ganz, ganz viele Radfahrer zusammen unterwegs sind. Nicht zwei oder drei, sondern 200 oder 300, vielleicht sogar 2 000 oder 3 000. Oder noch viel mehr. Tatsächlich verabreden sich Radfahrer nicht nur in Hamburg, sondern in immer mehr Städten auf der Welt, um gemeinsam

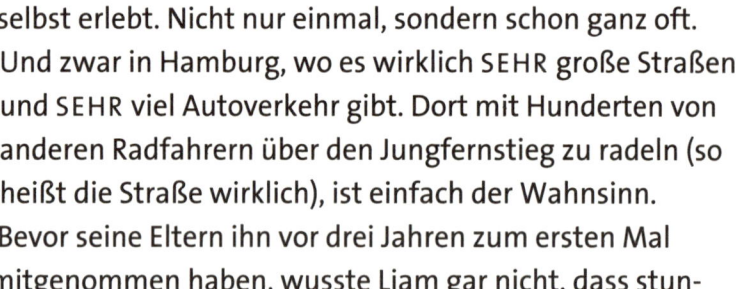

durch ihre Stadt zu fahren. Nicht auf den Radwegen, sondern mitten auf den großen Straßen, meistens am letzten Freitag im Monat.

Mitten auf der Straße fahren darf man auch nicht? Stimmt. Normalerweise nicht. Und als die ersten Radfahrer damit anfingen, kam auch prompt die Polizei. Alle, die mitgemacht hatten, sollten eine Strafe bezahlen. Aber die Radfahrer hatten sich eine superschlaue Ausrede ausgedacht: Sie nannten ihre Aktion *Critical Mass* (die Idee dazu hatten sie nämlich von Radfahrern aus San Francisco in den USA übernommen, daher der englische Name). *Critical Mass* heißt auf deutsch *Kritische Masse*. So nennt man in der Physik eine bestimmte Größe, ab der sich etwas ändert. Und der Gedanke dahinter war dieser: In Deutschland dürfen zwei Fahrradfahrer nicht nebeneinander fahren. Drei auch nicht. Vier auch nicht. Aber wenn es 16 sind, dann sind sie für die Polizei so etwas wie ein langes Auto oder ein LKW. Wenn der Fahrer in seinem Führerhäuschen bei Grün über die Ampel fährt und die Ampel rot wird, während der hintere Teil des Wagens noch an der Ampel vorbeirollt, dann muss er ja auch keine Strafe zahlen. Der LKW gilt als ein Ganzes, auch wenn er zwei Teile hat. Und genauso gilt eine große Gruppe von Radfahrern als ein „Verbund".

Aber warum fahren Tausende von Menschen jeden letzten Freitag im Monat durch ihre Stadt? Nur weil es so großen Spaß macht, mal etwas Verbotenes zu tun?

CRITICAL MASS
HAMBURG

Liam weiß es: „In den Städten ist alles so eingerichtet, dass es für die Autos gut ist: Überall gibt es breite Straßen, viele Parkplätze und Parkhäuser. Für uns Fahrradfahrer ist es viel schwieriger, durch die Stadt zu kommen. Es gibt zu wenige Radwege, und wo es welche gibt, parken Autos oft einfach auf unserem Weg. Als Radfahrer muss man wahnsinnig aufpassen, dass einem nichts passiert. Eigentlich darf man ja nicht auf dem Fußgängerweg fahren, wenn man schon zehn Jahre alt ist. Aber manchmal muss man das einfach, sonst würden die Autos einen umfahren. Wenn wir bei *Critical Mass* die Straßen blockieren, wollen wir allen sagen: Das ist auch unsere Stadt! Sie soll nicht nur den Autofahrern gehören! Wir Radfahrer machen doch viel weniger Dreck als die Autos. Und auch viel weniger Lärm. Da müsste die Stadt sich eigentlich freuen, dass wir so viele sind."

Im Sommer und bei gutem Wetter durch Hamburg zu radeln, ist natürlich ein Vergnügen. Aber wie ist es im Winter, bei Dunkelheit und Regen oder sogar Schnee?
Liam macht trotzdem mit. „Im Winter sind wir natürlich viel weniger Leute. Aber dann ist es irgendwie gemütlich. Manche behängen ihr Fahrrad mit Lichterketten. Und einer ist immer dabei, der hat einen kleinen Grill in seinem Fahrradkorb. So richtig mit Kohle. Da grillt er kleine Würstchen drauf, die er an jeden, der mag, verschenkt. Dazu gibt es etwas Warmes zu trinken."

Für kleinere Kinder ist der Freitagabend natürlich nicht ideal. Deshalb haben in manchen Städten Familien angefangen, eine eigene Kinder-Fahrrad-Demo zu organisieren. Sie nennen sie nicht *Critical Mass*, sondern *Kidical Mass*: Kindliche Masse. Liam ist in Hamburg bei der ersten *Kidical Mass* mitgefahren. „Das war natürlich ein bisschen kindergartenmäßig, aber es hat auch Spaß gemacht. Vorne sind die Größeren gefahren, und hinten war die Gruppe mit den Laufrädern. Es haben nämlich auch ganz Kleine schon mitgemacht. Wenn die nicht mehr konnten, haben die Eltern sie mit ihrem Laufrad in den Anhänger gesetzt. Das Klingelkonzert war nicht so laut, wir waren ja auch nur ungefähr 400 Kinder und nicht 4000 Erwachsene. Aber für den Anfang schon nicht schlecht. Wir sind ziemlich langsam vorangekommen, aber so etwa neun Kilometer haben wir geschafft. Am Ende gab es auf einer Wiese ein Picknick, Musik und Lose. Der erste Preis war ein Fahrrad-Navi. Aber es gab auch Flickzeug und andere Sachen, die man gut gebrauchen kann. Die Kleinen hatten echt viel Spaß, und bestimmt machen da bald noch viel mehr Kinder und Erwachsene mit."

Gute Ideen sind ansteckend. Und deshalb gibt es *Critical Mass* und *Kidical Mass* in immer mehr Städten. Den Radfahrern macht es einen Riesenspaß – aber was sagt die Polizei eigentlich dazu? Markus Buckan ist Polizist in Köln, und zwar ein ganz besonderer. Er war nämlich viele Jahre lang Fahrradpolizist. So etwas gibt es wirklich: Polizisten und Polizistinnen, die nicht mit dem Auto, sondern mit dem Fahrrad in der Stadt unterwegs sind. In Uniform, manchmal mit Regenkleidung, und immer mit einem gelben Helm, auf dem POLIZEI steht.

„Wenn man selbst auf dem Sattel sitzt, merkt man erst mal, wie es den Radfahrern in unserer Stadt geht. Da parken Autos auf dem Radweg, Autofahrer passen nicht auf, wenn sie die Fahrertür aufmachen. Aber man hat auch eine Menge Spaß. Es ist einfach toll, auf dem Uferweg den Rhein entlang zu radeln, auch abends, wenn man die Lichter am anderen Ufer sieht.

Als Fahrradpolizisten verfolgen wir natürlich keine Verbrecher. Wir kümmern uns nur um die Radfahrer. Jeder soll sein Recht bekommen. Autofahrer und Radfahrer sollen sich nicht dauernd über die anderen ärgern oder sogar Feinde sein. Die Stadt ist eng, da müssen alle Rücksicht nehmen.

Als die ersten Radfahrer mit *Critical Mass* begonnen haben, ist uns das erst gar nicht aufgefallen. Das waren nur 20 oder 30 Leute. Wir haben gar nicht gemerkt, dass das Teil einer internationalen Demo sein sollte. Jetzt sind es 1 500 Radfahrer, und deshalb sorgen wir für die Sicherheit. Erst haben wir uns auf die Motorräder gesetzt und aufgepasst, dass keine Autos in die Menge fahren. Aber die Radfahrer fanden es doof, dass sie selbst für einen leisen Verkehr demonstrieren, der keine Abgase produziert – und die Polizei macht dazu Krach und Dreck. Jetzt fahren wir selber auf Fahrrädern mit. Nur hinter den letzten Demonstranten fährt ein Polizei-Bulli mit Blaulicht, aber ohne Martinshorn. Es darf ja auf keinen Fall ein Auto von hinten in die Menge fahren.

Wohin die Gruppe fährt, wissen wir nicht. Das bestimmen die, die ganz vorne fahren. Die geben auch das Tempo vor. Und sie halten an den roten Ampeln, denn nur die, die nachkommen, dürfen bei Rot weiterfahren.

Wir haben reflektierende Kleidung an und Kellen mit Batterie dabei, die im Dunkeln leuchten. Außerdem haben wir Blaulichter, die man in der Hand halten kann, um den Autofahrern zu signalisieren, dass da eine Demo ist und sie stoppen müssen. Bei denen, die die *Critical Mass* leiten, gibt es ‚Korker'. So werden die Fahrradfahrer genannt, die die Seitenstraßen wie eine Flasche verkorken. Sie stellen sich einfach mit ihrem Rad vor die Autos, die warten müssen. Manchmal halten sie das Rad auch hoch über ihren Kopf, damit man sie gut sieht.

Im Sommer macht es am meisten Spaß, am Rheinufer und über die Rheinbrücken zu radeln. Im Winter dreht die Demo manchmal eine Extrarunde um den Neumarkt mit dem Weihnachtsmarkt. In der Weihnachtszeit ist die Demo auch mal durch die Haupteinkaufsstraße gefahren, mitten durch die Fußgängerzone. Da waren die Läden aber schon geschlossen. Bei so etwas dabei zu sein, ist schon ein schönes Gefühl. Ich glaube, so etwas darf ich als Polizist gar nicht sagen. Aber ich freue mich natürlich, wenn Kinder und Erwachsene

Fahrrad-
polizist

für unsere Umwelt eintreten. Und ich bin gerne dabei, damit das Ganze sicher und ohne Unfälle passiert."

Es gibt eine Stadt, in der es die Fahrradfahrer besser haben als die Autofahrer. Sie heißt Kopenhagen und ist die Hauptstadt von Dänemark. In Kopenhagen gibt es keine Berge und Hügel, das ist für Radfahrer schon mal angenehm. Aber es gibt noch ganz andere Gründe, weshalb es die Radfahrer in Kopenhagen so gut haben: Die Verantwortlichen der Stadt haben beschlossen, dass Fahrräder die wichtigsten Verkehrsmittel sein sollen, wichtiger als Autos. Deshalb gibt es zum Beispiel eine „grüne Welle" für Räder: Wenn du in Kopenhagen auf eine Ampel zufährst, ist es sehr wahrscheinlich, dass die gerade grün wird. Die Ampeln sind nämlich auf die Geschwindigkeit von Radfahrern eingestellt und nicht auf die Geschwindigkeit von Autos. Auf vielen Straßen gibt es für Radfahrer eine eigene, breite Spur. Das ist zum Beispiel gut für Räder mit Anhängern, und die Radfahrer können einander auch überholen, ohne dass es gefährlich wird. In Kopenhagen gibt es ein riesiges Netz von Radwegen — und es gibt sogar eine Fahrradautobahn! Das ist natürlich keine Autobahn, sondern eine Schnellstraße für Radfahrer, die besonders zügig fahren wollen und auch mal weite Strecken zurücklegen. Und wenn man dann nach all dem Radeln müde ist und nicht mehr weiterfahren will, darf man sein Rad kostenlos in der S-Bahn mitnehmen. Deshalb fahren auch viel mehr Leute mit dem Fahrrad zur Arbeit, zur Uni oder zur Schule als bei uns.

Warum kann man das bei uns nicht genauso einrichten? — Fragt mal eure Bürgermeisterin!

46

Ein Stück mit dem Rad, ein Stück mit der Bahn. Beides kostet nichts, und man kann sich je nach Laune und Wetter überlegen, wie man es an diesem Tag macht.

Fahrradfahrer sind Klimahelden, sonst gäbe es in diesem Buch kein Extrakapitel zum Radfahren. Aber warum genau?
Um zu erklären, was Radfahren mit Klimaschutz zu tun hat, müssen wir uns ein Wort vorknöpfen, das jeder schon mal gehört oder selbst in den Mund genommen hat, obwohl die meisten Leute gar nicht so *ganz* genau wissen, was es bedeutet: Treibhauseffekt.
Der Treibhauseffekt ermöglicht unser Leben auf der Erde. Er ist also erst mal nichts Böses, sondern etwas, das wir unbedingt brauchen. Wenn es ihn nicht gäbe, wäre es auf unserer Erde gut 30 Grad kälter.
Die Sache ist nämlich die: Die Sonne strahlt auf die Erdober-fläche. Dadurch wird es warm – aber noch nicht so warm, wie wir es kennen und brauchen. Die Erdoberfläche „verschluckt" nicht alle Wärme, sondern strahlt einen Teil der Wärme zurück in die Atmosphäre. Dort würde die Wärme verschwinden – wenn da nicht die Wolken wären, aber auch die natürlichen Treibhausgase: Wasserdampf, Kohlendioxid (CO_2), Methan, Ozon und Lachgas. Die halten einen Teil der Wärme in ihrer Reise auf und schicken sie zurück zur Erde. Durch diesen Effekt wird es auf unserer Erde noch ein bisschen wärmer, und es kommt zu dem Klima, das wir kennen.

Jetzt kommt das Problem: Seit etwa 140 Jahren produziert der Mensch zusätzliche Treibhausgase. Das geschah am Anfang vor allem dadurch, dass man Dinge in großen Fabriken statt in kleinen Handwerksbetrieben herstellte. Durch die Schornsteine dieser Fabriken gelangte mehr CO_2 in die Luft. Dann kam der Autoverkehr hinzu. Auch Autos stoßen CO_2 aus. Später gewöhnte man sich an, nicht nur einmal in der Woche, sondern zwei-, drei- oder viermal Fleisch zu essen. Für dieses Fleisch mussten immer mehr Nutztiere gehalten werden. Die stoßen beim Verdauen Methan aus. Es folgten die Spraydosen mit ihrem FCKW, einem Treibgas, das in der Natur nicht vorkommt, sondern vom Menschen entwickelt wurde und sehr lange, ungefähr 45 bis 100 Jahre, in der Erdatmosphäre bleibt ... Der Treibhauseffekt verstärkte sich von Jahr zu Jahr.

Und nun sind unsere Sommer oft nicht mehr schön warm, sondern viel zu warm, richtig unangenehm warm. Das wäre ja noch auszuhalten. Aber weil das Eis am Polarmeer schmilzt und der Meeresspiegel steigt, wird es langsam ungemütlich. Sogar ziemlich ungemütlich.

Der Treibhauseffekt ist aber nicht überall auf der Erde gleich groß. Verrückterweise trifft er vor allem die Regionen, in denen gar keine Fabriken stehen, keine Autos fahren und keine Rinder grasen. Er ist nämlich in der Arktis am stärksten. Grund ist der Unterschied zwischen Eis und Wasser. Solange in der Arktis die Sonne auf Eis scheint, reflektiert das Eis das Sonnenlicht, schickt es also sozusagen zurück in die Atmosphäre. Wo das Eis schon geschmolzen ist, trifft das Sonnenlicht auf die Oberfläche des Wassers – und das erwärmt sich, nimmt die Wärme also auf, statt sie zurückzuschicken. Wenn das Nordmeer auch im Winter nicht mehr ganz zufriert, geht dieser Prozess selbst in der kalten Jahreszeit weiter. Diese Entwicklung nennen die Wissenschaftler deshalb die „arktische Verstärkung".

Die Folge: Das Eis schmilzt immer schneller, und der Meeresspiegel steigt. Forscher haben ausgerechnet, bei wie viel Grad Erwärmung der Meeresspiegel um wie viele Zentimeter steigt. Und spätestens hier hat die Sache mit jedem von uns zu tun: Es kommt nämlich auf jede Stelle hinter dem Komma an. Eine Erderwärmung von 1,5° C (die es auf jeden Fall geben wird)

*Wie **Verstärkung** funktioniert, könnt ihr in eurem Klassenraum beobachten: Wenn in der Klasse Unruhe herrscht, musst du mit deiner Tischnachbarin etwas lauter sprechen als sonst, damit sie dich versteht. Dadurch wird es im Raum noch ein bisschen lauter. Die Lehrerin redet wiederum ein bisschen lauter, damit alle sie verstehen, und die Schüler müssen darauf lauter antworten, damit die Lehrerin sie versteht. Die, die nebenbei mit ihren Nachbarn reden, sprechen jetzt richtig laut, damit sie noch gehört werden – und nach kurzer Zeit herrscht im Raum so ein Krach, das keiner mehr den anderen versteht. Am Anfang erhöht sich die Lautstärke nur langsam, am Ende immer schneller.*

Was tut ihr dagegen?
Über kluge Maßnahmen nachdenken müssen wir auch beim Klima!

Von 100 Wasser-
tropfen, die man auf
der Erde findet, sind
nur 2½ Süßwasser. Alle
anderen sind salzig.

verändert schon viel in unserer Umwelt, aber bei einer Erwärmung von 2° C wird der Meeresspiegel aller Wahrscheinlichkeit nach mehr als einen halben Meter steigen, vielleicht sogar fast einen Meter. Damit werden nicht nur Küstenorte und Inseln bei Sturm überschwemmt werden. Es wird auch Salzwasser vom Meer in die Süßwasserflüsse dringen und Land überschwemmen. Das ist für die Tiere, die Süßwasser brauchen, nicht lustig, aber für uns Menschen auch nicht. Wir können nämlich leider kein Salzwasser trinken, dabei gibt es viel mehr Salzwasser als Süßwasser auf der Erde. Süßwasser ist daher sehr kostbar.

Es ist also extrem wichtig, dass wir alles tun, um die durch Menschen verursachte Erderwärmung zu begrenzen. Ein wirksames Mittel dabei ist es, dafür zu sorgen, dass weniger CO_2 in die Atmosphäre gelangt. Das meiste CO_2 entsteht durch Verbrennung: in Fabriken, in Heizungen und in den Motoren von Autos, Flugzeugen und Schiffen. Da du vermutlich keine Fabrik besitzt und auch nicht bestimmen kannst, mit welcher Art von Heizung ihr eure Wohnung oder Schule heizt, bleibt für dich als Kind vor allem eins: Du kannst mitbestimmen, wie ihr euch bewegt. (Und natürlich weniger Fleisch essen. Darum ging es schon auf S. 33.)

Autofahren hat übrigens auch mit Mikroplastik zu tun: Das mit Abstand meiste Mikroplastik entsteht durch den Abrieb von Autoreifen.

Und da sind wir wieder beim Radfahren. Ein großer Teil der Strecken, die mit dem Auto gefahren werden, ist kürzer als fünf Kilometer. Wenn man nicht gerade etwas Schweres oder Sperriges zu transportieren hat, braucht man für fünf Kilometer eigentlich kein Auto. Man kann das Fahrrad nehmen, den Bus, die Straßenbahn oder die U-Bahn. (Und manche Leute schaffen es sogar, Schweres oder Sperriges mit dem Rad zu transportieren. Es gibt ja Lastenfahrräder.) Kurze Strecken kann man auch einfach zu Fuß gehen. Wenn alle Leute das täten, wären unsere Straßen viel leerer (also für die Radfahrer sicherer), es wäre ruhiger, und die Luft wäre sauberer. Eigentlich nicht schwer, oder?

Schwieriger ist da schon das Thema Urlaubsreisen. Die meisten Deutschen fliegen nun mal sooo gerne! Und das Fliegen ist oft wahnsinnig billig! Man kann es manchmal kaum glauben. Viel billiger als mit Bahn, Auto oder Fähre!

Warum ist das so? Fliegen war früher doch sehr teuer – frag mal deine Großeltern!

Fliegen ist so billig, weil die Preise lügen. Das ist echt wahr: Preise können lügen. Wenn du für ein Flugticket nach Spanien 30 Euro zahlst, dann bezahlst du nur einen kleinen Teil von den Kosten, die durch deine Reise entstehen. Alle anderen Kosten zahlt die Umwelt – erst einmal.

Schweizer Wissenschaftler haben nebeneinander gestellt, was es für unsere Umwelt und unser Klima bedeutet, wenn

wir uns für ein Transportmittel entscheiden. Wenn man von Zürich nach Tokio fliegt (nur der Hinflug, das sind fast 20 000 km), wird dabei so viel CO_2 ausgestoßen, als wenn man 120 Mal mit dem Zug von Zürich nach Paris fährt – hin und zurück!

Eines Tages zahlen wir diese „Reisekosten" natürlich doch. Umweltschäden kosten nämlich richtig viel Geld. Das merkt man heute schon: Durch Stürme, Überschwemmungen und Starkregen entstehen hohe Kosten, die von den Versicherungen, den Städten und Dörfern und jedem Einzelnen bezahlt werden müssen. Straßen reparieren, umgekippte Strommasten erneuern, Dachpfannen auf die abgedeckten Dächer montieren … Das ist in den 30 Euro Flugticket nicht drin.

Natürlich gibt es Reisen, die man nicht anders als mit dem Flugzeug machen kann. Es ist auch gut, dass Politiker einander „in echt" sehen und nicht nur telefonieren. Und es ist sehr gut, dass wir andere Länder und Menschen kennenlernen und durch unsere Reisen besser verstehen können. Aber ist es auch gut, für ein Wochenende nach Mallorca zu fliegen, statt im Schwarzwald oder an der Nordsee einen Mini-Urlaub zu machen?

Wenn es in eurer Familie um solche Entscheidungen geht, kannst du vielleicht mitbestimmen.
Die Menge CO_2, die ein Flugzeug ausstößt, wenn man von Frankfurt nach New York fliegt (ohne Rückflug), reicht aus, um drei Quadratmeter Eis in der Arktis schmelzen zu lassen.

Klimawissenschaftler haben übrigens eine gute Idee entwickelt. Es müsste eine CO_2-Steuer geben, so wie es jetzt schon eine Tabaksteuer gibt. Wenn man etwas kauft, wodurch CO_2 in die Atmosphäre gelangt, also zum Beispiel eine Reise mit dem Flugzeug, dann würde man die Ticketkosten an die Fluggesellschaft zahlen und außerdem noch eine Steuer an den Staat. Damit würde klar, was es tatsächlich kostet, mit dem Auto zu fahren, zu fliegen oder mit dem Kreuzfahrtschiff zu reisen. Die Idee ist nicht neu, in Schweden zahlt man die CO_2-Steuer schon seit 1991.

Eins ist sicher: Fürs Fahrradfahren wirst du nie CO_2-Steuer bezahlen!

Wer kein Fleisch isst, erspart der Umwelt jedes Jahr 0,8 Tonnen CO_2. Wer auf Flugreisen verzichtet, spart im Schnitt 1,6 Tonnen, wer ohne Auto auskommt 2,4 Tonnen CO_2.

1,6 t: ein Giraffenbulle

2,4 t: ein leichtes Nashorn

0,8 t: eine Walrossdame

Felix und die
1000 Milliarden Bäume

Felix Finkbeiner war neun Jahre alt und ging in die vierte Klasse, als er ein Referat halten sollte. Das Thema durfte er sich aussuchen. Und er hatte auch gleich eine Idee: *Was muss passieren, damit es den Eisbären besser geht?* Diese Frage interessierte ihn. Eisbären leben in der Arktis, also in der Region rund um den Nordpol. (Und natürlich in manchen Zoos.) Gerade am Nordpol merkt man am deutlichsten, dass das Klima sich verändert. Dort wird es nämlich seit Langem schon in jedem Jahr ein bisschen wärmer. Wenn man in Europa lebt, freut man sich vielleicht darüber. Man kann schon in den Osterferien kurze Hosen anziehen. Im Sommer ist häufiger Schwimmbadwetter. Und im Herbst und Winter ist es nicht so lausekalt, wenn man sich morgens auf den Weg macht.

Aber für den Polarkreis heißt das: Das Eis schmilzt. Die riesigen Eismassen, die es dort gibt, schmelzen natürlich nicht wie ein Vanilleeis in der Sonne. Aber wenn man das Eis nicht nur über Stunden, sondern über Monate und Jahre hinweg beobachtet (und das tun Forscher aus der ganzen Welt), dann kann man genau sehen, dass die Gletscher jedes Jahr ein bisschen kleiner werden. Wo früher Eis war, wird Fels sichtbar oder Geröll, das Jahrhunderte oder Jahrtausende verborgen war. Für Menschen kann das spannend sein. (Gibt es in Grönland vielleicht Öl? Oder sogar Gold? Jetzt könnte man schürfen!) Aber für die Eisbären ist das nicht spannend, sondern schrecklich. Sie brauchen das Eis unbedingt, denn im hohen Norden gibt es sehr wenig Landmasse, auf der sie leben können. Das feste Eis ist quasi ihr Land. Die Eisbären haben ein dickes Fettpolster und ein dichtes Fell, eine prima Ausrüstung, wenn es eiskalt ist. Die weiße oder gelbliche Farbe ihres Fells ist eine super Tarnung, wenn sie jagen und nicht gesehen werden wollen. Aber das hat alles natürlich nur Sinn, solange sie sich auf dem Eis bewegen.

Sollte Felix vielleicht lieber ein Referat über das Polareis halten als über Eisbären? Sah ganz so aus. Also, neue Frage: *Wie kann man das Eis am Nordpol retten?* Felix recherchierte weiter. Das Polareis schmilzt, weil es auf der Erde immer wärmer wird. Aber warum wird es immer wärmer? Zum einen gab es im Lauf der Erdgeschichte immer schon wärmere und kühlere Zeiten. Das wissen wir aus alten Büchern und Wetteraufzeichnungen. Es könnte also sein, dass wir gerade einfach nur in einer wärmeren Epoche leben. Doch zum anderen beobachten Forscher etwas Neues, etwas, das es in früheren Zeiten nicht geben konnte: Der Mensch selbst treibt die Erderwärmung mächtig an. In tausenden Fabriken werden Öl und Kohle verbrannt, Autos und Flugzeuge produzieren jede Menge Abgase, die Weltbevölkerung wächst, und jeder Mensch, der kocht,

> Recherchieren nennt man es, wenn man eine Sache ganz genau wissen will und deshalb alles liest und anschaut, was man dazu finden kann: Bücher, Artikel in der Zeitung und im Internet, Videos... Am besten befragt man auch noch Menschen, die von dem Thema richtig viel Ahnung haben: Experten. So habe ich das auch für dieses Buch gemacht.

isst und tausenderlei Sachen kauft und verbraucht, trägt dazu bei, dass es auf der Erde wärmer wird.

Was tun? Sollte Felix lieber ein Referat über Fabriken, Autos und Flugzeuge und alle möglichen Dreckschleudern halten? Felix recherchierte weiter. Das hörte sich ja alles furchtbar an. Gab es kein Mittel gegen die Abgase, gegen die zunehmende Wärme? So etwas wie ein Gegengift?

Wenn du wissen willst, was der Treibhauseffekt ist: Die Erklärung findest du auf S. 47.

Beim Lesen und Surfen stieß Felix auf eine Frau aus Kenia: Wangari Maathai. Die hatte gerade erst den Friedensnobelpreis bekommen. Das ist so ziemlich die größte Anerkennung, die ein Mensch erhalten kann, wenn er sich für andere Menschen und unseren Planeten einsetzt. Wangari Maathais Idee war eigentlich ganz einfach. Bäume bieten alles, was Menschen in Kenia brauchen: Sie spenden Schatten. Sie verhindern, dass die trockene Erde bei Wind wegfliegt oder bei starkem Regen abrutscht. Sie sind also ein Anti-Wüsten-Mittel. Außerdem tragen viele Bäume Früchte. Und am Ende können sie als Brennholz verwendet werden. Doch ihr ganzes Leben lang tun die Bäume noch etwas, von dem der Mensch normalerweise gar nichts bemerkt: Sie filtern die Luft! Bäume nehmen nämlich das Kohlendioxid aus der Luft auf – und lassen es erst los,

Wangari Maathai

wenn das Holz verbrannt wird oder verrottet. Beim Filtern produzieren sie Sauerstoff, und den braucht der Mensch bei jedem Atemzug. Wangari Maathai hatte es geschafft, dass in Kenia in 30 Jahren 30 Millionen Bäume gepflanzt wurden. Eine ganze Region des großen Landes hatte sie verändert. Die nannte man seitdem den *Green Belt*, den Grünen Gürtel von Kenia.

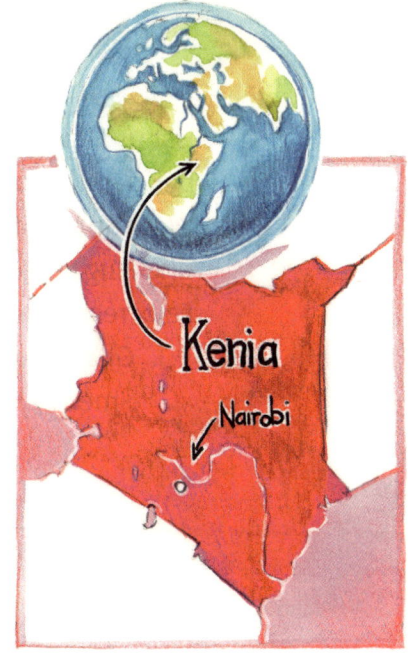

Jetzt wusste Felix, was für ein Referat er halten wollte: eins über Bäume! Was kenianische Bäume können, das können deutsche Bäume doch wohl auch!, dachte er sich.

Selbst wenn die Bäume in den Tropen viel schneller wachsen und deshalb viel früher anfangen zu „arbeiten". Eine Akazie in Kenia wächst sehr schnell. Aber sie wird oft nur 50 Jahre alt. Eine Buche in einem deutschen Wald wächst langsam, aber sie kann gut und gerne 100 oder sogar 200 Jahre lang Sauerstoff herstellen.

Felix notierte alles, was er über Bäume und über CO_2 finden konnte (so nennen Chemiker das Kohlendioxid). Und noch ein paar Sachen zu Wangari Maathai (geboren 1940, kommt aus dem kenianischen Hochland, hat in Deutschland studiert, ist jetzt Professorin, hat drei Kinder). Uff. Das war wirklich genug Stoff für ein Referat. In der vierten Klasse braucht man ja keine ganze Schulstunde lang zu reden.

Als Felix sein Referat fast fertig vorbereitet
hatte, kam ihm eine Idee: Man könnte doch in
Deutschland auch Bäume pflanzen! Genau wie in
Kenia: Tausende von Bäume für ein besseres Klima,
für weniger CO_2 in der Luft, für weniger Erderwärmung, weniger schmelzendes Eis, weniger Eisbären,
die nach einem festen, hart gefrorenen Plätzchen
suchen ... Genau! Die Eisbären. Über die hatte er doch
eigentlich reden wollen.

Am Ende seines Referats sagte Felix genau das:

> **Warum pflanzen wir nicht
> auch Millionen Bäume?**

Heute ist Felix 21 Jahre alt, und als Gründer von *Plant-for-the-
Planet* (Pflanzen für den Planeten) ist er weltberühmt. Am
28. März 2007, kurz nach seinem Referat, pflanzte er den ersten
Baum. Schon im April folgten einige Mitschüler und Mitschü-
lerinnen seinem Beispiel und pflanzten auch Bäume. Die Sache
nahm unglaublich schnell Fahrt auf, und schon ein Jahr später
hatten Kinder an ganz verschiedenen Orten in Deutschland
insgesamt 150000 Bäume gepflanzt. Und das war nur der

Anfang. Inzwischen beteiligen sich Kinder aus 93 Ländern an der Aktion. Sie haben sich ein neues Ziel gesetzt. Welches das ist, lest ihr in der E-Mail, die Felix an Johanna und Rafael geschickt hat (auf Seite 64).

Aber Felix und den Kindern von *Plant-for-the-Planet* geht es nicht nur um Bäume, um CO_2, Sauerstoff und auch nicht nur um Gletscher und Eisbären. Es geht ihnen um Klimagerechtigkeit. Und das ist auch so eine Sache, die Kindern viel eher einleuchtet als den meisten Erwachsenen.

Stell dir eine Familie vor, die in Grönland lebt. Sie wohnt in einem kleinen Holzhaus. Der Vater jagt Narwale und Walrosse, die Mutter kümmert sich um die Mahlzeiten und versorgt die Kinder. Es gibt im Haus nur ganz wenige elektrische Geräte, dazu ein Handy. Die Familie hat kein Auto, und niemand von ihnen ist jemals mit dem Flugzeug gereist. Diese Familie hat also wenig dazu beigetragen, dass sich das Klima verändert. Und doch sind sie es, die am meisten leiden, wenn es in Grönland immer wärmer wird. Wenn das Eis nicht mehr fest genug ist, kann der Vater nämlich nicht mehr mit dem Hundeschlitten zur Jagd fahren. Die Hunde (die sich übrigens ganz ohne Benzin fortbewegen) haben jetzt schon Angst vor den Spalten im Eis und weigern sich manchmal, den Schlitten weiterzuziehen.

Für eine durchschnittliche Familie in Tansania oder einem anderen afrikanischen Land ist die Situation ganz ähnlich, obwohl ihr Leben völlig anders aussieht. Eine afrikanische Familie verbraucht sogar nur ein Zehntel der Energie, die für das Leben einer „normalen" deutschen Familie nötig ist. Andersherum gesagt: Deine Familie verbraucht zehnmal so viel Energie wie eine Familie in Afrika, zu der genauso viele Menschen gehören wie zu eurer Familie. Aber: Die afrikanische Familie leidet viel mehr unter dem Klimawandel als ihr. Der fehlende Regen führt dazu, dass die Ziegen und Rinder der Familie nicht mehr genug grünes Futter finden. Die Flüsse führen immer weniger Wasser. Manchmal können die Menschen es sich leisten, Mineralwasser zu kaufen. Aber für die Tiere kann man natürlich kein Wasser in Flaschen kaufen. Das wäre viel zu teuer.

Die Menschen, die am wenigsten zur Luftverschmutzung beitragen und die viel weniger Dinge kaufen und verbrauchen als wir, leiden also am meisten unter den Folgen der Erderwärmung. Das ist total ungerecht. Und dagegen wollen Initiativen wie *Plant-for-the-Planet* etwas tun. Deshalb sprechen sie von Klimagerechtigkeit: Wer viel verbraucht, soll auch viel zahlen, zum Beispiel für bessere Filter in den

Fabriken, für teurere Automotoren, die weniger Abgase produzieren, und so weiter. Wer aber sowieso wenig Geld hat und sich kein teures Auto mit einem modernen Motor leisten kann, der soll nicht bestraft werden, wenn er ein altes Benzinfresser-Auto fährt. Das haben die Leute in Europa und den USA ja auch jahrzehntelang getan. Die Regeln sollen also erst mal nur für die reichen Länder strenger werden, damit die armen Länder nicht für etwas bestraft werden, wofür sie gar nichts können. Logisch, oder? Manche Erwachsene verstehen das aber nicht und maulen wie die Kindergartenkinder: „Wenn die das dürfen, wollen wir das auch!"
Deshalb: Seid schlauer als die Großen!

„Wer Bäume pflanzt, pflanzt die
Samen von Frieden und Hoffnung."
Wangari Maathai

PS: Im Jahr 2011 hat Felix Wangari Maathai getroffen. Echt wahr! Felix hielt damals eine Rede vor der Vollversammlung der Vereinten Nationen. Unter den Zuhörern war auch Wangari Maathai, und als Felix fertig gesprochen hatte, hat sie ihn ganz begeistert umarmt. Bald darauf ist Wangari Maathai leider gestorben. Jetzt führt ihre Tochter die *Green-Belt*-Bewegung weiter.

Johanna und Rafael gehen in die dritte und die vierte Klasse einer Schule in Münster. Sie haben von *Plant-for-the-Planet* gehört und Felix eine Mail geschrieben. Und tatsächlich: Felix hat ihnen geantwortet. (Die Antworten von Felix stehen immer direkt unter den Fragen von Johanna und Rafael.)

Lieber Felix,

wir haben von deiner Geschichte gehört und dann im Internet nachgeguckt, wie du aussiehst, was du alles schon gemacht hast und dass du wirklich erst in der vierten Klasse warst, als du die Idee hattest, Bäume zu pflanzen. Echt cool!
Ein paar Fragen haben wir aber noch, und weil wir wissen, dass du immer schrecklich viel zu tun hast, schreiben wir dir diesen Brief. Also eigentlich eine E-Mail. Dann musst du nicht ans Telefon gehen oder mit uns skypen, wenn wir gerade Zeit haben (wir haben nämlich auch ganz schön viel Programm). Du kannst einfach antworten, wenn du Zeit hast, vielleicht mal abends, bevor du ins Bett gehst.
Ich, Johanna, bin zehn Jahre alt, und mein Bruder Rafael ist neun. Zusammen haben wir uns überlegt, was wir dich gern alles fragen wollen. Wir fangen einfach mal an:

Wo wohnst du, und gibt es da viele Bäume? Irgendwas hat dich ja auf die Idee mit den Bäumen gebracht. Oder wohnst du in einer Stadt, und da haben dir Bäume gefehlt?

Ich wohne in Uffing am Staffelsee in Oberbayern. Und damals, als ich die Idee hatte, habe ich in einem anderen Dorf in der

Nähe gewohnt. Rundherum gibt es viele Bäume. Aber die Idee hatte ich aus einem anderen Grund. Als ich klein war, habe ich einen Kuscheltier-Eisbären geschenkt bekommen, der war damals größer als ich. Der Eisbär wurde mein Lieblingstier. Dann, in der vierten Klasse, hat unsere Lehrerin uns gesagt, wir sollen uns mit der Klimakrise beschäftigen. Es war Winter, aber ein sehr warmer Winter. Ich habe ein Referat vorbereitet und erfahren, dass die Klimakrise den Eisbären bedroht. Aber nicht nur den: Ganz viele Menschen auf der Welt, auch Kinder, sind von der Klimakrise bedroht. Es gibt Dürren, Überschwemmungen, Naturkatastrophen. Menschen müssen hungern und fliehen. Und die Krise wird immer schlimmer werden. Wenn wir Kinder und Jugendlichen groß sind, werden wir das noch erleben. Da habe ich von Wangari Maathai gelesen, einer Frau aus Kenia, die den Friedensnobelpreis bekommen hat. Sie hat mit Frauen in Afrika in 30 Jahren 30 Millionen Bäume gepflanzt. Bäume helfen gegen die Klimakrise. Und so kam die Idee, dass auch wir Kinder Bäume pflanzen können.

Als du das Referat vorbereitet hast: Ist dir da gleich die Idee gekommen, dass überall auf der Welt Bäume gepflanzt werden müssten? Oder ist dir das erst später eingefallen?

Als ich das Referat vorbereitet habe, dachte ich: Wenn Frauen in Afrika in 30 Jahren 30 Millionen Bäume pflanzen können, können wir Kinder doch sicher auch in jedem Land der Erde jeweils eine Million Bäume pflanzen. Und in Deutschland haben wir das damals schon nach drei Jahren geschafft. Da haben wir den millionsten Baum gepflanzt.

Hast du deinen Eltern gleich davon erzählt? Und was haben sie gesagt?
Und hast du auch Geschwister? Wenn du welche hast: Haben die auch mitgemacht?

Ich habe zwei Schwestern, eine ältere und eine jüngere. Die haben mir geholfen, und sie sind auch heute noch dabei und machen viel für Plant-for-the-Planet. Sie halten zum Beispiel Vorträge. Meine Eltern haben auch mitgeholfen. Mein Vater setzt sich schon ganz lange für Gerechtigkeit ein, er hat eine eigene Stiftung. Und meine Mutter hat zum Beispiel den allerersten Baum besorgt, den wir gepflanzt haben.

Gab es am Anfang Leute, die gesagt haben: „Die Idee ist doof!" Oder: „Das geht doch gar nicht!" – „Das schaffst du nie!" Oder waren alle sofort begeistert? Hat dir ein Erwachsener Tipps gegeben?

Doof findet das eigentlich keiner, glaube ich. Bäumepflanzen finden alle Leute cool. Aber jetzt haben wir Kinder das Ziel, 1000 Milliarden Bäume zu pflanzen. Das ist ganz schön viel, und viele Menschen glauben nicht, dass das geht. Aber ein Wissenschaftler hat gezeigt, dass es auf der Erde Platz für so viele Bäume gibt. Und wenn man das umrechnet, dann sind das nur 150 Bäume pro Mensch. Wenn ihr euch vorstellt, dass ihr im Laufe eures Lebens 150 Bäume pflanzen sollt oder spenden sollt für 150 Bäume, dann ist das doch eigentlich gar nicht schwer, oder?

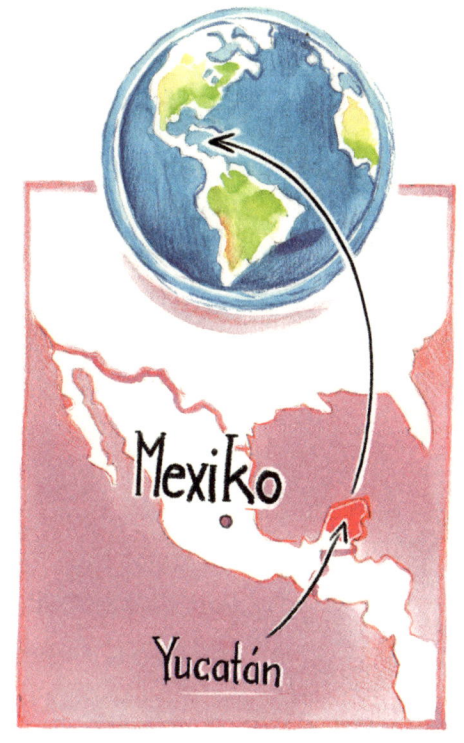

Wir stellen uns vor, dass Bäume ganz schön teuer sind. Woher bekommt ihr das Geld? Ihr findet die Bäume doch nicht einfach oder bekommt sie geschenkt, oder doch?

Doch! Wir bekommen ganz viele Bäume geschenkt. Die Kinder, die Botschafter für Klimagerechtigkeit werden, machen bei einer Akademie mit. Das ist eine Ausbildung, die einen Tag dauert, und dabei pflanzen alle Kinder auch Bäume. Sie fragen bei einer Baumschule oder beim Forstamt nach, ob sie kostenlos Bäume haben können. Und dann pflanzen wir auch noch ganz viele Bäume auf der Yucatán-Halbinsel in Mexiko. Da wachsen die Bäume ganz schnell, viel schneller als in Deutschland, und binden dadurch mehr CO_2. Weil das so schnell geht, und wir jeden Tag mehr als 5000 Bäume pflanzen, kostet das nur einen Euro pro Baum. Und damit ist nicht nur das Pflanzen, sondern auch die Pflege des Baums abgedeckt. Das Geld dafür spenden

uns Leute oder Unternehmen, und
wir bekommen es auch durch den
Verkauf der Guten Schokolade.
Das ist Schokolade aus fairem
Handel, die wir verkaufen, um Geld
für Bäume zu sammeln. Für fünf
verkaufte Tafeln spenden wir einen
Baum. Man kann auch einen Baum-
gutschein kaufen, und dann zum Beispiel
20 Bäume zum Geburtstag verschenken.

Hast du von Anfang an geglaubt, dass das ein toller Plan ist und dass es klappt? Und hast du von so einer großen Aktion geträumt?

Wir sind heute 67 000 Botschafter für Klimagerechtigkeit. Einige von uns haben schon vor den Vereinten Nationen in New York gesprochen, ich auch. Wir sind für den Welt-Baumzähler verant- wortlich und da wurden schon 15 Milliarden Bäume gepflanzt. Ganz ehrlich: Dass Plant-for-the-Planet so groß wird, das hätte ich damals mit neun Jahren nicht gedacht. Aber es ist richtig klasse. Und wir wollen noch viel mehr werden, nämlich eine Million Kinder und Jugendliche!

Hast du irgendwann mal gedacht: „Das ist alles viel zu viel Arbeit. Ich habe keine Lust mehr. Ich höre jetzt auf"?

Nein, das habe ich noch nie gedacht. Aber ich bin ja auch nicht allein. Es gibt 67 000 Botschafter für Klimagerechtigkeit. Wenn

66

ich zum Beispiel eine Rede halten soll, aber keine Zeit habe, dann hält ein anderes Kind eine Rede.

Ist irgendwas total anders gekommen, als du am Anfang gedacht hast?

Einmal ja. Ich habe einen Vortrag vor Schokoladen-Herstellern gehalten. Ich habe sie gebeten, uns pro verkaufter Tonne Schokolade einen Euro zu geben, das ist nicht viel. Ich stand auf der Bühne, und kein einziger Zuhörer hat sich gemeldet. Keiner. Das war so traurig, dass ich fast weinen musste. Aber dann haben wir Kinder gesagt: Dann machen wir eben unsere eigene Schokolade. Und die gibt es jetzt: Die Gute Schokolade.

Werden die Bäume, die ihr pflanzt, auch wieder gefällt? Macht man da zum Beispiel Papier draus?

Die Bäume, die wir in Mexiko pflanzen, sollen später zum Beispiel zu einem Holzhaus oder einem Tisch oder Stuhl werden, also zu etwas, das man richtig lange benutzt und nicht wegwirft. Warum? Weil dann das CO_2 gespeichert bleibt. Das könnt ihr euch so vorstellen: Wenn ein Baum lange steht, wird er irgendwann alt und krank. Dann stirbt er und verrottet. Dabei geht das „C", das der Baum gespeichert hat, wieder in die Luft. Da verbindet er sich mit „O_2" und das gefährliche Treibhausgas CO_2 ist wieder zurück in der Luft. Wenn wir den Baum ernten und daraus einen Holztisch machen, ist das „C" im Holztisch gespeichert und kann nicht in die Luft zurück. Dann ist wieder Platz für einen neuen Baum, der dann auch wieder CO_2 speichert.

Kennst du die meisten Kinder, die mitmachen? Oder wenigstens viele?

Ich kenne nicht alle – das sind ja 67 000 Kinder in 66 Ländern! Aber ich bin mit vielen, die schon lange dabei sind, gut befreundet, zum Beispiel mit Sagar aus Nepal, Yugratna aus Indien, Paulina aus Mexiko. Und immer wieder treffe ich auch jüngere Botschafter für Klimagerechtigkeit, wenn die zum Beispiel eine Rede halten. Das ist klasse, die machen das so gut!

Bist du zufrieden mit dem, was du erreicht hast? Und bist du auch ein bisschen stolz, wenn du zum Beispiel dein Bild in der Zeitung siehst oder wenn du sogar im Fernsehen bist ? (Wir haben uns bei der Fernsehsendung „Logo" angeguckt, wie du das Bundesverdienstkreuz bekommen hast. War das ein schönes Fest oder auch ein bisschen langweilig, mit vielen Reden und so?)

Zufrieden können wir leider nicht sein, weil wir noch so viele Bäume pflanzen müssen. 15 Milliarden sind es schon, 1 000 Milliarden sind unser Ziel. Ihr könnt es ausrechnen: Da fehlen noch 985 Milliarden Bäume: 985 000 000 000! Aber klar, wenn der Bundespräsident mir das Bundesverdienstkreuz gibt, ist das eine große Ehre. Aber ich habe das alles nicht allein geleistet, sondern gemeinsam mit vielen Kindern, die Botschafter für Klimagerechtigkeit sind. Und auch die Erwachsenen, die uns helfen, sind wichtig – ohne sie geht es nicht.
Das Fest war gar nicht langweilig. Es waren viele andere interessante Leute da, und ich konnte auch mit dem Bundespräsidenten selbst sprechen und ihm von unserer Idee erzählen, dass

Deutschland jedes Jahr zwei Milliarden Bäume pflanzen soll.

Felix

Ist das Klima schon besser geworden?

Das Problem ist, dass wir es nicht besser machen können, wir können nur dafür sorgen, dass es nicht ganz so schlimm wird. Die Chefs von den Staaten der Welt haben einen Vertrag geschlossen, das war im Dezember 2015 in Paris. Da haben sie einiges versprochen. Aber nicht genug. Wenn sich alle Länder an diese Versprechen halten, dann wird die Welt trotzdem drei bis vier Grad Celsius wärmer. Das wäre schlimm! Deshalb müssen wir so viele Bäume pflanzen und allen Menschen sagen, dass sie ganz viel tun müssen, damit sie weniger CO_2 in die Luft pusten.

Hast du auch noch eine andere Idee, was man für das Klima machen könnte?

Zum Beispiel weniger Fleisch essen, nicht mit dem Flugzeug fliegen, Radfahren statt Autofahren, Strom aus Sonne und Wind einkaufen.

Schöne Grüße von Johanna und Rafael aus Münster!

Schöne Grüße! Euer Felix

www.plant-for-the-planet.org

David, Jakob und die geretteten Goldstücke

5.20 Uhr: David steht auf. Draußen ist es noch nicht hell, aber es wird nicht mehr lange dauern, bis die Sonne aufgeht. Dann will David schon auf dem Fahrrad sitzen und losfahren. Er bewegt sich ganz vorsichtig und leise, denn seine kleine Schwester Yaa, mit der er die Schlafmatte teilt, schläft noch. Sie ist erst vier Jahre alt und darf ausschlafen.

Davids große Schwester Amma ist schon vor ihm aufgestanden und hat hinter der Hütte Feuer gemacht. Gleich wird das Kaffeewasser heiß sein. Da wird Papa sich freuen. Er hat die ganze Nacht gearbeitet und ist sicher gleich zu Hause. David schöpft eine Handvoll Wasser aus einem Eimer und wäscht sich das Gesicht.

5.20 Uhr: Jakob schläft. Er ist allein in seinem Zimmer. Sein Bruder Ben schläft nebenan. Papa und Mama haben ihr Schlafzimmer ein Stockwerk höher. Auch sie schlafen noch.

6 Uhr: Es ist hell. David ist fünf Kilometer mit dem Fahrrad gefahren und stellt es jetzt neben die vielen Räder, die dort schon stehen. Fünf andere Jungen machen sich wie er für die Arbeit fertig. Sie legen sich ein Gummiband um die Stirn und

klemmen so ihre Taschenlampe fest. Ein Junge hat sogar eine richtige Stirnlampe. Dann nimmt jeder einen Hammer und steckt ihn unter den Gürtel. Los geht's.

Nacheinander klettern die Jungen in einen schmalen Schacht. Das Loch in der Erde ist nicht groß. Gerade so groß, dass David sich mit Händen und Füßen an den Wänden festhalten kann, während er vorsichtig mit bloßen Füßen herunterklettert. Er ist Goldsucher! Vielleicht macht er heute seinen ganz, ganz großen Fund?

6 Uhr: Jakob hört, dass seine Eltern aufstehen und in der Küche Frühstück machen. Er dreht sich noch einmal um und schläft weiter.

7 Uhr: David ist seit einer Stunde unter der Erde und schlägt mit seinem Hammer Erzbrocken von den Schachtwänden. Schuhe hat er nicht an, einen Helm auch nicht. Und auch keine Handschuhe. Dass es Schutzbrillen gibt, die verhindern, dass Splitter in die Augen fliegen, weiß er nicht. Er steht gebückt im schmalen unterirdischen Gang und schlägt mit aller Kraft. Dann zerkleinert er die Gesteinsbrocken so, dass sie in einen Eimer passen. Den ziehen die Jungen, die oben stehen, dann mit einem Seil aus dem Schacht. Eimer für Eimer füllt sich und erreicht die Oberfläche.

7 Uhr: Jakobs Mutter kommt ins Zimmer und weckt ihn. Jakob geht ins Bad, wäscht sich und zieht sich an. Dann frühstückt er zusammen mit

seinem Bruder Ben. Papa trinkt einen Kaffee und guckt auf sein Handy. Er sucht gebrauchte Skischuhe für Jakob. Jakobs Füße sind schon wieder gewachsen.

Mama geht ins Bad und macht sich fertig. Dabei hört sie die Nachrichten auf dem Smartphone.

10 Uhr: David ist aus dem Schacht hochgeklettert und macht eine Pause. Amma hat zu Hause Maisbrei gekocht, ist zur Grube gekommen und verteilt den Brei jetzt unter den Arbeitern. Sie wird gleich mit David an den Fluss gehen und die Erde aus den abgeschlagenen Brocken waschen. Vielleicht macht ja sie den großen Goldfund?

10 Uhr: Jakob hat zwei Schulstunden hinter sich. Jetzt ist Pause. Eigentlich sind Handys auf dem Schulhof verboten, aber manche Jungs schaffen es irgendwie immer, eins in der Hosentasche zu schmuggeln. Lauri zeigt ihnen ein supercooles Video. Leider läutet die Schulglocke, bevor sie es fertig anschauen können. Egal. In der nächsten Pause geht es weiter.

13 Uhr: David und Amma stehen bis zu den Knöcheln im Fluss und waschen die Gesteinsbrocken. Wenn die Teile nur noch klein sind, nehmen sie ein Sieb, waschen und schütteln. David ist müde und seine Arme tun weh. Er denkt an seine Mutter. Früher hat sie hier gestanden, und er ist zur Schule gegangen. Aber dann ist sie gestorben, und er hat ihren Platz

eingenommen. Jetzt braucht Papa nicht mehr das Geld für Davids Schuluniform und die Hefte aufzutreiben. Das war sowieso immer schwierig.

13 Uhr: Jakob sitzt mit seinen Freunden in der Schulkantine. Er merkt kaum, was er isst, denn alle reden über ein neues Handyspiel. Das muss superlustig sein. Jakob kennt es noch nicht, aber zu Hause muss er es unbedingt installieren.

17 Uhr: David und Amma haben alles, was sie heute ausgewaschen haben, in Säcke gefüllt und auf die Fahrräder geladen. Zu Hause werden sie ein Feuer machen. Wenn die Kohle glüht, werden sie eine Ladung nach der anderen ins Feuer werfen und Queck-silber darüber schütten. Im Feuer wird sichtbar werden, was wirklich Gold ist und was nur Dreck. Quecksilber ist giftig, und man darf den Rauch, der vom Feuer aufsteigt, auf keinen Fall einatmen. Das weiß hier jeder. Aber was soll man machen? So kommt man nun mal am besten an das Gold.
Die beiden müssen sich beeilen. Bald wird es dunkel.

17 Uhr: Jakob ist mit den Hausaufgaben fertig und geht zum Fußballtraining. Als er nach Hause kommt, steht das Essen schon auf dem Tisch. Jakob und Ben essen ganz schnell. Sie wollen doch noch das neue Spiel ausprobieren! Und Mama ist immer schrecklich streng: Keine Handyspiele nach halb acht!

 20.30 Uhr: David hat heute alle Sackladungen allein ins Feuer getan. Amma musste noch Wasser holen und sich um Yaa kümmern. Und Papa war schon wieder bei der Arbeit in der Mine. David hustet. Schlecht war es nicht, was sie heute gefunden haben. Aber DER GROSSE FUND war mal wieder nicht dabei. Lauter kleine und sehr kleine Teile. Morgen wird Amma sie zum Händler bringen. Amma kann gut rechnen, und sie lässt sich nicht leicht betrügen. Kein Wunder, sie ist ja auch viel länger zur Schule gegangen als David. Damals, als Mama noch lebte. David wäscht sich und guckt, ob Sami von nebenan schon mit seinem Feuer fertig ist. Dann können sie noch ein bisschen reden.

 20.30 Uhr: Papa sagt Jakob Gute Nacht. Dummerweise merkt er, dass Jakob sein Handy unters Kopfkissen gestopft hat. Papa steckt es ein, aber er ist nicht sauer. „Weißt du, dass in jedem Handy ein klein bisschen Gold steckt?", fragt er Jakob. „Das habe ich heute gelesen. Das meiste Gold kommt aus Afrika, und es sind oft Kinder, die es aus der Erde holen."
„Echt? – Cool!", sagt Jakob. „Ich werde auch Goldgräber!"

Jedes Handy ist eine kleine Schatzkiste. Genau wie jeder Laptop und jeder Elektromotor, eigentlich jedes Gerät, das eine Batterie hat. Früher waren Batterien groß und schwer.

Heute sind sie klein und leicht. Sie halten länger, und man kann sie wieder aufladen. Das liegt an den Schätzen, die in ihnen stecken: Kobalt, Lithium, Kupfer, Nickel, Aluminium, Gold und noch einige andere. Viele dieser Stoffe findet man in Afrika. Die meisten sind sehr selten, nicht leicht zu finden und deshalb extrem teuer. Außerdem ist der Vorrat an diesen Stoffen nicht unendlich, und man weiß, dass er eines Tages aufgebraucht sein wird. Das macht sie noch kostbarer.

Man könnte also meinen, dass David und seine Familie sehr reich sind, schließlich finden sie fast jeden Tag etwas vom großen Goldschatz der Erde. Das ist aber nicht so. David verdient an einem Tag einen Dollar, das sind etwa 85 Cent. Wenn es ein besonders guter Tag ist, verdient er zwei Dollar, also 1,70 Euro. Wenn er erwachsen wäre, könnte er an einem guten Tag drei Dollar verdienen, aber Kinderarbeit wird schlechter bezahlt als die Arbeit von Erwachsenen. Es gibt auch Tage, an denen David 12 oder 14 Stunden arbeitet und gar nichts verdient, weil er kein Gold findet.

In einem Smartphone stecken etwa 305 Milligramm Silber und 24 Milligramm Gold.

Zwischen dem Erdloch, in dem David arbeitet, und der Batterie, die in deinem Handy steckt, macht das Gold eine lange Reise. Amma bringt es zum Händler im Nachbardorf. Der wiegt das Gold und gibt Amma ein paar Dollar. Der Händler verkauft es an einen Mann in der Hauptstadt. Der gehört zu einer chinesischen Firma und gibt dem Händler sehr viel mehr Geld, als Amma bekommen hat. Das Gold wird nach China transportiert und in einer Fabrik weiterverarbeitet. Das Frachtunternehmen, dem das Schiff gehört, und die Arbeiterinnen und Arbeiter bekommen Geld. Winzige Mengen des Golds werden jetzt Teil eines Handys. Das fertige Handy wird verpackt und neben Zehntausenden anderen Handys in einen Container verladen. Wieder bekommen Arbeiter dafür Geld. Der Container reist über das Meer von China nach Deutschland. Das kostet Geld. Im deutschen Hafen wird die Fracht gelöscht (so nennt man es, wenn die Ladung eines Schiffes an Land gebracht wird), und das Handy reist zum Großhändler für Elektrogeräte. Das kostet Geld. Von dort geht es in den Laden oder in einen Online-Shop – also wieder Orte, in denen Menschen Geld verdienen. Dort kaufst du das Handy – für viele hundert Euro.

Ist an dieser langen Kette von Arbeiten und Transporten irgendetwas falsch? Eigentlich nicht. So funktioniert der weltweite Handel, und deshalb ist es gut und wichtig, dass Menschen in vielen verschiedenen Ländern friedlich zusammenarbeiten. Und doch ist etwas faul an der Sache: Auf dem Handy steht fast immer der Name einer Firma in den USA oder der Name einer Firma in Südkorea. Und es sind die Mitarbeiter dieser Firma, die das meiste von dem Geld bekommen, das ihr im Laden zahlt. Haben sie dafür barfuß im Dreck gestanden? Haben sie die Dämpfe von giftigem Quecksilber eingeatmet? Haben sie von morgens früh bis abends spät gearbeitet, ohne auch nur ein einziges Mal Ferien zu haben? Natürlich nicht. Das waren David und Amma. Und deshalb ist diese Geschichte zwar ganz normal, aber sie ist vor allem unfair.

Es sind zwei Dinge, die falsch laufen:

- Erstens geht es um Menschen: Es ist ungerecht, dass Kinder in Afrika arbeiten, damit Erwachsene in Europa, Asien oder den USA mehr Geld verdienen.

- Zweitens geht es um die Natur: Es ist dumm, dass wir viele Rohstoffe, die nicht nachwachsen, aus dem Boden holen und für Dinge verwenden, die wir nach kurzer Zeit wieder wegwerfen, statt sie wiederzuverwenden oder zu recyceln.

Was bedeutet Nachhaltigkeit?
Förster haben das Wort als Erste gebraucht, und zwar schon vor 300 Jahren. Sie meinten damit: Für jeden Baum, den ich fälle, muss ich einen neuen Baum pflanzen. Sonst wird der Wald immer kleiner, und irgendwann ist er verschwunden.
Heute benutzt man das Wort auch für andere Bereiche: Fischer sollen nicht mehr Fische fangen, als neue, junge Fische nachkommen. Skifahrer sollen in den Alpen so Sport treiben, dass die Natur sich im Sommer wieder vollständig erholen kann.

Burkina Faso
Ghana
Kongo-Brazzaville
DR Kongo

Goldländer

Was soll man also tun? Keine Handys mehr benutzen? Das geht doch gar nicht!

Jakob und seine Familie haben darüber nachgedacht. Erst fand Jakob es ja cool, dass ein Junge, der so alt ist wie er, nach Gold gräbt und tatsächlich welches findet. Aber dann hat er mit Ben und Papa ein Video geguckt. Da sah man Kinder wie David bei der Arbeit. Manche suchten nicht nach Gold, sondern nach anderen Rohstoffen, die für Handys gebraucht werden. Kleine Mädchen wussten schon, dass man auf gelbe Blumen achten muss. Wo die wachsen, findet sich oft Kupfer unter der Erde.

Andere wussten, dass Kobalt aussieht wie dunkle Schokolade. Hört sich lustig an, ist es aber nicht, wenn man den ganzen Tag gebückt danach suchen muss.

Noch anstrengender wird die Arbeit, wenn es regnet. Dann kann es auch passieren, dass Schlamm in den Schacht der Goldgräber rutscht. Manchmal sterben dabei Arbeiter. Auch Kinder.

„Das Video ist ja brutaler als ein Krimi", meinte Jakobs Mama. „Ben, für dich ist das noch nichts. Wir zwei machen was anderes."

Ben hätte gern weitergeguckt. Auf dem Handy spielen darf er, aber sehen, wie ein Handy entsteht, darf er nicht? „Mensch, Mama!"

Ganz verrückt war ein anderes Video. Da sah man Leute, die unter ihrem eigenen Haus nach Gold oder Kupfer suchten. Sie gruben ein ganzes Labyrinth von Tunneln, quer durch die Nachbarschaft! Für das Guinnessbuch der Rekorde wäre das eine super Aktion gewesen. Aber diese Leute gruben wie die Maulwürfe stundenlang im Dunkeln, um an Geld zu kommen und nicht zu verhungern!

„Ich hab eine Idee", sagte Jakob, als der Film zu Ende war. „Ich zeige das Video in der Schule. Ich glaube nicht, dass die anderen diese ganzen Sachen wissen. Das ist so krass!"

„Ich dachte, ihr dürft in der Schule keine Handys benutzen", sagte Papa.

„Nee, eigentlich nicht. Aber dann frag ich ausnahmsweise mal vorher."

Gleich am nächsten Tag ging Jakob schon vor dem Unterricht zu seiner Klassenlehrerin. „Ich hab da ein Video ... Nichts mit Ballern oder so. Aber trotzdem sehr spannend. Es geht um Kinder, die Gold suchen. Für Handys."

„Zeig mir das mal nachher in der Pause", sagte Jakobs Lehrerin.

Drei Wochen später startete Jakobs Klasse eine Aktion: Sie sammelten Handys, die nicht mehr gebraucht wurden und in irgendwelchen Schubladen herumlagen. Alte Handys, die kein Mensch mehr haben wollte, aber auch ziemlich neue, die aussortiert wurden, als ein neues Modell auf den Markt kam.

In manchen Familien gab es besonders viele Handys, weil der Vater oder die Mutter einen Vertrag hatten, bei dem man alle zwei Jahre ein neues Handy geschickt bekam – auch wenn das alte noch völlig in Ordnung war. „Goldhandys" nannten sie die Aktion. Sie malten Plakate, beklebten eine Sammeltonne, stellten die Sache auf der Homepage der Schule vor. Manche Familien posteten es sogar auf ihrer Facebook-Seite. Erst machte nur Jakobs Klasse mit, dann wollten auch andere Klassen dabei sein, und schließlich war es fast so etwas wie ein Wettbewerb der ganzen Schule: Wer sammelt die meisten Handys?

In Deutschland gibt es mehr Handys als Menschen; etwa 100 Millionen. Und genauso viele Handys liegen ungenutzt irgendwo herum: auch etwa 100 Millionen. Das ist übrigens in anderen Ländern genauso. Auf der Welt gibt es fast schon so viele Handys wie Menschen: 7,5 Milliarden. Und in denen stecken 180 Tonnen Gold.

Es fing an, richtig Spaß zu machen. Und es dauerte nur zwei Wochen, da reichte die Sammeltonne nicht mehr, weil gar nicht alle Handys hineinpassten. Jakob stellte eine durchsichtige Kiste neben die Tonne. So

konnte man noch besser sehen, wie der Handy-Berg wuchs.
Am Ende der dritten Woche hatten die Kinder zusammen
mit den Lehrerinnen und Lehrern und vielen Eltern fast 1 000
Handys gesammelt. Mit 1 000 kleinen Goldstücken drin. Jakobs
Lehrerin hatte herausgefunden, wo man die Handys am besten
hinbringt, damit die Rohstoffe recycelt werden. Dabei kam noch
eine schöne Überraschung heraus: Für jedes Handy, das noch
gebraucht werden konnte, gingen zwei Euro an Familien in
Afrika. Und für jedes Handy, aus dem man nur noch die Wert-
stoffe nehmen und wiederverwenden konnte, 40 Cent.

„Das ist auch krass", sagte Jakob, als sein Vater eines Abends
zum Gute-Nacht-Sagen an sein Bett kam.
„Was ist krass?"
„Dass unsere Aktion so einfach war. Und dass sie so viel Spaß
gemacht hat."
„Du bist ein großartiger Goldgräber", sagte Papa.
„Nee. Goldsammler ist besser", antwortete Jakob.

Ein Handy ist klein. Aber es trägt einen schweren Rucksack. Den sieht man nur nicht. In dem unsichtbaren Rucksack steckt alles, was gebraucht wurde, damit dieses Handy hergestellt werden konnte:

- 1300 Liter Wasser
- 72 Quadratmeter Fläche
- 14 bis 30 Kilogramm CO_2
- 60 verschiedene Materialien, darunter etwa 30 Metalle

Manches davon bezahlt man, wenn man ein Handy kauft. Aber das meiste bekommt man, ohne zu zahlen. Auf der Rechnung steht ja nicht: „Der Quecksilberdampf hat die Luft verpestet und Leute krank gemacht. Das kostet so und so viel Euro." Oder: „Das Schiff, auf dem das Handy von China nach Deutschland transportiert wurde, fuhr mit schwerem Dieselöl, dem billigsten und giftigsten Treibstoff der Welt. Das macht so und so viel Euro."

Während das Handy benutzt wird, füllt sich der Rucksack ganz langsam weiter. Es braucht ja Strom, und der muss produziert werden.

Und ganz am Ende wird noch etwas in den Rucksack gepackt, ein kleineres Gewicht: Wenn das Handy alt oder kaputt ist, muss es entsorgt werden.

Wissenschaftler nennen dieses „Gepäck" eines Handys den ökologischen Rucksack. Er gehört nicht nur zu jedem Handy, sondern zu fast allen Dingen, die wir kaufen. Auch jedes T-Shirt trägt einen Rucksack, jedes Auto, jeder Schulranzen. Das

> Der meiste Elektroschrott, der bei uns entsteht, landet übrigens auf Müllhalden in Afrika. Und auch dort arbeiten Kinder wie David und Amman.

heißt nicht, dass du am besten nackt herumlaufen, nie mehr in ein Auto steigen oder deine Hefte und Bücher in der Hand tragen solltest statt im Ranzen. Es heißt nur, dass wir viel mehr verbrauchen, als uns klar ist. Und dass wir nur weniges davon mit Geld bezahlen. Vieles bezahlen wir nicht mit Geld, sondern mit Natur: Die Luft, der Boden, die Flüsse und die Meere zahlen die Rechnung.

Und es gibt Menschen, die einen Teil der Rechnung zahlen. Menschen wie David.

Was kannst du tun?

Auf Englisch merkt man es sich mit drei Wörtern, die alle mit demselben Buchstaben beginnen:

Reduce: Kaufe weniger. Überlege gut, was du wirklich brauchst.

Re-use: Benutze die Dinge länger. Wirf Altes nicht gleich weg. Prüfe, ob etwas repariert werden kann. Vielleicht gibt es bei euch ein Reparatur-Café? Kaufe auch mal gebrauchte Dinge.

Recycle: Sorge dafür, dass alles, was recycelt werden kann, auch an der richtigen Stelle landet. Vielleicht kann etwas Neues daraus entstehen.

Weltacker, Müllfriedhof und vier Schafe, die Englisch sprechen

Ein Klimaheld zu sein, ist super. Aber es kann auch nerven. Alle werden von Mama zur Schule kutschiert – und nur der tapfere Max kommt mit dem Rad? Alle trinken in der Pause ihren süßen Saft aus einem Alu-Trinkpäckchen – und nur die gute Fine füllt zu Hause ihren Apfelsaft in die Metallflasche, die sie am Nachmittag dann auch noch ausspülen muss?

> Am wichtigsten ist mir, dass es den Tieren gut geht.

In einem kleinen Ort bei Saarbrücken gibt es eine Schule voller Klimahelden. Aber die fühlen sich gar nicht so heldenhaft und erst recht nicht wie einsame Kämpfer für das Gute. Denn an dieser Schule ist es ganz normal, ein Klimaheld zu sein. Alle anderen sind es ja auch. Und wenn man nicht allein ist, macht alles – auch das, was anstrengend ist – richtig Spaß.

Ich habe mich mit zehn Schülerinnen und Schülern dieser Schule unterhalten, oft

Deutschland
Saarbrücken

gestaunt und viel gelernt. In dieser Schule haben die Kinder zum Beispiel genau wie in allen anderen Schulen Erdkunde-Unterricht. Sie lernen also, wie es in anderen Ländern aussieht, wie die Menschen dort leben, was sie essen, welches Klima dort herrscht und vieles mehr. Sie haben auch Biologie-Unterricht und lernen zum Beispiel, wie das Leben in einem Teich und um den Teich herum aussieht, welche Tiere bestimmte Pflanzen brauchen, und welche Pflanzen von Tieren abhängig sind. In der Montessori Gemeinschaftsschule Saar lernen sie das alles auch im Klassenraum, aber danach gehen sie raus in die Natur und beobachten die Sachen, von denen sie gehört haben, gleich einmal selbst. Dazu gibt es „Fachwerk", so nennen sie den Bereich der Schule, in dem es einen Stall gibt, einen Acker und alles, was man braucht, um Biologie und Erdkunde auch draußen zu erleben. Hasen gibt es dort, Hühner, die die Eier für die Cafeteria liefern, und in drei Aquarien kann man das Leben unter Wasser beobachten. Eine Echse zeigt, wie sie im Wüstenklima überlebt. Und dann sind da vor allem die vier Schafe. Die sind

Ich esse nur noch einmal in der Woche Fleisch. Der größte Mist ist nämlich die Massentierhaltung.

Manchmal fahren wir in den Unverpackt-Laden. Da kann man Sachen lose kaufen, ohne Plastikverpackung. Milch und Quark sowieso, aber auch Shampoo und Duschgel.

lebendige Rasenmäher, und sie haben eine ganz besondere Eigenschaft: Sie verstehen nur Englisch. Die Kinder, die zur Schafgruppe gehören, müssen also Englisch mit ihnen reden, wenn sie wollen, dass die Schafe sie verstehen. Die Schafe werden geschoren, und aus der Wolle machen die Kinder Schönes und Nützliches für den Kunsthandwerkermarkt.

Etwas ganz Besonderes sind die 40 000 Bienen, die zur Schule gehören. So viele Bienen leben nämlich ungefähr in zwei Bienenstöcken. Eine Lehrerin, die selber Imkerin ist, leitet die Kinder bei der Arbeit mit den Bienenvölkern an. Wenn man Bienen beobachtet, kommt man aus dem Staunen nicht heraus, und man lernt eine Menge über die Natur. Lustig, wie sich die Bienen die Taschen mit Blütenpollen vollstopfen! Und nebenbei gleich die Bäume und Blumen bestäuben. Sie machen einen doppelten Job – und merken es gar nicht. Unglaublich, wie sie es schaffen, mit vollem Bauch zu fliegen, obwohl sie mit all dem Nektar doppelt so schwer sind. Im Bienenstock geht es zu wie in einer gigantischen Fabrik. Dabei hat niemand hier eine Ausbildung gemacht. Und doch weiß jede Biene im größten Gewimmel und Gewusel immer ganz genau, was sie zu tun hat.

Bienen zu beobachten und für die Gesundheit der Bienenvölker zu sorgen, ist superspannend. Etwa zweimal im Jahr gibt es einen sehr leckeren Lohn für alle Mühe: den Honig. Und dazu ein Nebenprodukt, aus dem man allerhand machen kann: das Wachs.

Manchmal ist die Arbeit mit den Bienen aber auch frustrierend. In einem Jahr gab es gar keinen Honig zu ernten, weil die Bienenstöcke von Milben befallen waren. So ein Ärger!

Die Kinder, die sich um die Bienen kümmern, sind aufmerksame Klimabeobachter. Die Bienen und die Pflanzen, bei denen sie Pollen und Nektar sammeln, leben nämlich in einem genau aufeinander abgestimmten Rhythmus. Bienen halten Winterruhe, und wenn sie aufwachen, müssen in ihrer Nähe sofort Blüten bereit stehen, von denen sie sich ernähren. Sonst werden die Honigvorräte knapp. Bienen können nämlich noch nicht einmal eine Woche lang ohne Futter überleben. Wenn das Klima sich ändert, verändern sich auch

Wer kümmert sich eigentlich um die Tiere, wenn Schulferien sind? Dafür gibt es einen Plan. Kinder, Eltern und Lehrer tragen sich für einige Tage ein, an denen sie nicht verreist sind, und versorgen die Tiere. Und auch die Pflanzen machen keinen Urlaub und müssen gegossen werden. Das ist tatsächlich viel Arbeit. Aber an einem Sommerabend zur Schule zu radeln, Eier einzusammeln und Tomaten zu gießen, kann genauso schön sein wie ein Besuch im Schwimmbad.

die Zeiten, zu denen die Bienen aufwachen, und die Zeiten der Blüte bei den verschiedenen Bäumen, Büschen und Blumen. Wenn bei diesem fein abgestimmten Rhythmus etwas durcheinander gerät, ist das dramatisch. Es ist nicht nur schlimm für die Bienen, sondern auch für uns Menschen. Denn es sind die Bienen, die unsere Obstbäume, Blumen und Sträucher bestäuben. Ohne sie hätten wir keine Himbeeren, keine Äpfel, keine Kastanien ... nichts von alledem!

Ihr könnt euch vorstellen, dass die Kinder aus der Bienengruppe ganz genaue Wetterbeobachter geworden sind. Und glückliche Honigverkäufer, wenn eine Saison gut war.

Andere Kinder der Gesamtschule Saar sind Ackerbauern und Ackerbäuerinnen geworden, jedenfalls für einige Monate. Am Anfang stand eine Idee: Wie wäre es, wenn man einen Acker anlegen würde, auf dem Pflanzen aus aller Welt wachsen? Und zwar genau in den Mengenverhältnissen, wie sie auf der Welt vorkommen? Es wachsen ja viel, viel mehr Reis und Weizen als Möhren und Fenchel auf den Äckern der Welt. Es müsste also zum Beispiel ein ganz großer Bereich für Reis reserviert sein und ein viel kleinerer für Möhren. Und auf den Äckern der Welt wächst ja nicht nur, was man essen kann. Auch Baumwolle für unsere Kleidung wird angepflanzt, Futter für Rinder und Schweine und dann noch der viele Raps, aus dem man Treibstoff für Autos macht.

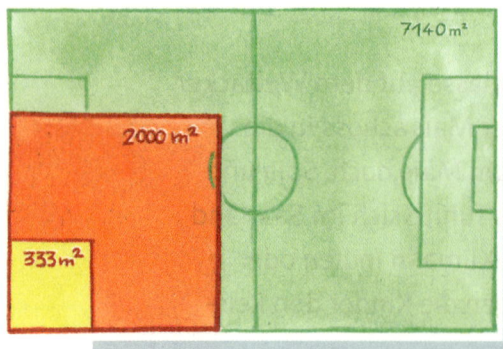

Zur Montessori-Schule gehört natürlich kein riesiger Acker.
Das Land, aus dem die Schüler einen Acker gemacht haben, ist
333 m² groß. Das ist ein Dreißigstel von einem Hektar und ein
Sechstel von dem Land, das für jeden Menschen auf der Welt
bebaut wird. Aber die Kinder haben trotzdem einen Weltacker
daraus gemacht. Auf mehr als der Hälfte der Fläche wachsen
nur vier verschiedene Feldfrüchte: Weizen, Mais, Soja und Reis.
Auf der übrigen Fläche wachsen andere Getreidesorten und
Knollengemüse (Kartoffeln, Möhren, Rote Beete, Süßkartoffeln
und andere) und außerdem alle möglichen Faserpflanzen. So
nennt man die Pflanzen, aus denen man keine Nahrung macht,
sondern Kleidung oder Gebrauchsgegenstände: Baumwolle,
Hanf, Jute, Leinen, Bambus usw.
Für Bohnen, Erbsen und andere Gemüsesorten bleibt nur ein
kleiner Teil der Fläche.

Jeden Freitagvormittag arbeitet eine Klasse auf dem Weltacker.
Am Anfang ging alles rasant voran: Der Mais schoss in die
Höhe. Die Feuerbohnen rankten sich am Mais hoch. Soja und
Kürbis gediehen prächtig. Nur der Reis fühlte sich im Saarland
nicht wohl. Er mag das feucht-warme Klima in Indien oder
China viel lieber, und irgendwann gaben die Kinder den Reis-
anbau auf.

Aber auch Unkraut und Schädlinge freuen sich über den bunten
Acker. Immer wieder suchen die Kinder im Internet Rat oder
sie fragen Bauern aus der Nachbarschaft. Braucht
man wirklich Gift oder kann man die Ernte
auch anders schützen? Welcher Dünger
ist okay, und welchen sollte man
lieber nicht einsetzen? Wie
verändern die Pflanzen den
Boden? Wäre es vielleicht
besser, an dieser Stelle
im nächsten Jahr etwas
anderes zu pflanzen, damit
der Boden sich erholt? Oder
etwa gar nichts? Vielleicht braucht
der Boden ja mal eine Pause.

Und dann gibt es auch noch die ganz, ganz großen Fragen: Was
muss geschehen, damit alle Menschen auf der Welt genug
zu essen haben? Jetzt sind wir 7,5 Milliarden Menschen. Was
ist, wenn wir bald zehn Milliarden sind? Können dann noch
alle satt werden? Muss der Weltacker dafür anders bepflanzt

werden? Nicht der kleine im Saarland, sondern der große Acker, der aus allen Äckern dieser Welt besteht und alle Menschen ernährt.

Zwei Jahre lang haben die Kinder den Weltacker bewirtschaftet, dann hatten sie eine neue Idee: Wir bauen auf unserem Acker das an, was wir gerne essen möchten: unser Lieblingsessen! Welches Essen soll das sein? Currywurst mit Pommes! Da waren sie sich schnell einig. Aber wie baut man Currywurst mit Pommes an? Erst einmal braucht man Kartoffeln. Kein Problem, die wachsen ja gut in Deutschland.

Aber Wurst? Dafür muss man das anbauen, was Schweine fressen. Auch das ist nicht schwierig, denn Schweine fressen so gut wie alles: Getreide, Pastinaken, Möhren, Kartoffeln, Eicheln, Bucheckern, sogar altes Brot und Gras. Fast alles, was auf dem Weltacker und drum herum wächst, kann man also den Schweinen geben. Fehlt noch der Curry. Wie sieht der eigentlich aus, bevor er in die

Curry wächst nirgends. Es ist nämlich keine Pflanze, sondern eine Mischung aus vielen verschiedenen Gewürzen: Nelken, Kreuzkümmel, Ingwer, Pfeffer, Zimt, Muskatnuss… Dass Curry so gelb ist, liegt am Kurkuma.

92

Streudose kommt, und wo wächst er überhaupt? Bestimmt in Indien, oder nicht?

Wieder gab es eine Menge zu lernen und auch eine Menge Feldarbeit. Und dann ... eines Tages: Currywurst mit Pommes!

Weihnachtsbäume und Drosophila

Wenn man einmal angefangen hat, kommt man auf immer neue Ideen.

In der Nähe der Schule stehen Strommasten. Über die Hochspannungsleitungen wird Strom nach Saarbrücken transportiert. Unter den Masten ist ein Streifen Ödland. Dort wächst nichts. Das Land könnte man doch nutzen!, dachten einige Schüler und Lehrerinnen. Und sie hatten auch schon eine Idee: Zur Weihnachtszeit kauft fast jede Familie in Deutschland einen Tannenbaum. Viele der Bäume werden von weither transportiert. Die meisten kommen aus Dänemark. Aber auch in Deutschland werden Tannen und Fichten gefällt und als Weihnachtsbäume ins Ausland verkauft. Es gibt also ein großes Hin und Her der Bäume auf ihrer Reise zum Weihnachtsfest. Die Schüler fragten bei der Stadt um Erlaubnis: Dürfen wir Tannenbäume unter den Strommasten pflanzen? Die Bäume brauchen nur wenige Jahre, dann sind sie schon groß genug fürs Wohnzimmer. Bis zu den Stromleitungen hinauf werden sie nicht wachsen. Wie genau wir die Bäume pflanzen müssen, wird uns ein Förster erklären.

Die Verantwortlichen von der Stadt fanden die Idee klasse. Und jetzt kommen jedes Jahr in der Adventszeit Leute aus der Umgebung der Schule und kaufen ihren Tannenbaum bei den Schülern. Der Baum ist nicht durch halb Europa transportiert worden, und er lag nicht auf einem Lastwagen, der Abgase in die Luft gepustet hat. Da fängt das Weihnachtsfest doch gut an.

Wer Tannenbäume verkauft, nimmt Geld ein und muss sich überlegen, was er anschließend mit dem Geld machen will. So sieht der Start einer Firma aus. Und die Kinder von der Montessori-Schule haben tatsächlich eine eigene Firma gegründet: Drosophila. Das ist der griechische Name einer Fliege, und wörtlich übersetzt heißt er „die den Tau liebt". Ein sehr schöner Name, fanden die Schüler, auch wenn die Fliege nichts Besonderes ist.

Durch all die Ideen und Aktionen entstehen auf dem Gelände der Schule richtig viele Produkte: Obst, Gemüse und Kräuter vom Acker, Eier, Honig, Wachs, selbstgemachter Apfelsaft und Essig. Die Kinder überlegen, was wie viel kosten soll, und verkaufen die Produkte wie in einem Hofladen auf dem Bauernhof. So verdienen sie wieder Geld, das sie für neue Aktionen einsetzen können.

Plastikfasten

Viele Ideen der Kinder brauchen
Wochen oder Monate, bis sie
Wirklichkeit werden. Nur eine
Aktion war von Anfang an auf
eine kurze Zeit begrenzt. Sie
sollte nur fünf Wochen dauern,
und sie war ziemlich schwierig.
Die sieben Wochen vor Ostern
heißen in manchen christlichen Kirchen
Fastenzeit. In dieser Zeit soll man sich auf das Osterfest vorbe-
reiten, indem man auf Dinge verzichtet, die den Rest des Jahres
selbstverständlich sind. Vor langer Zeit war es für Katholiken
sogar verboten, in der Fastenzeit Fleisch zu essen oder Alkohol
zu trinken. Heute entscheiden die Christen selbst, worauf sie
verzichten – und ob sie überhaupt auf etwas verzichten wollen.
Viele verzichten auf Süßigkeiten, manche aufs Fernsehen.
Andere nehmen sich vor, ohne Auto auszukommen. Einige
legen Geld zur Seite und spenden es am Ende der Zeit für einen
guten Zweck.

In der Schule dauert die Fastenzeit nur fünf oder sechs
Wochen, denn die letzten ein oder zwei Wochen fallen ja in
die Osterferien. Die Kinder der Gemeinschaftsschule starteten
trotzdem eine gemeinsame Fastenaktion: Sie wollten auf
Plastik verzichten. Auf einem Formular stand alles, was man
dazu wissen musste, und wer mitmachen wollte, unterschrieb

Wenn eine Fee käme und ich mir etwas wünschen dürfte, würde ich mir alles Plastik aus dem Meer wegwünschen.

Ich will mal Ingenieur werden. Dann erfinde ich einen Ersatz für Plastik. Irgendetwas, das ein paar Jahre wiederverwendbar ist und dann verrottet.

das Blatt. Es waren viele! Nicht nur Kinder, sondern auch Eltern, Lehrer und Großeltern.

Die „Spielregeln": Jeder versucht so einzukaufen, dass möglichst wenig Plastikabfall im gelben Sack oder in der gelben Tonne landet. Das hört sich einfach an. Man kann ja zum Beispiel Mineralwasser in Glasflaschen statt in PET-Flaschen kaufen. Oder Salat auf dem Markt statt im Supermarkt, wo er in einer Plastikschale liegt und mit Folie verpackt ist. Aber was ist mit Toilettenpapier? Lose Rollen liegen nirgends im Regal. Das wäre auch ziemlich seltsam. Auch Medikamente, die nicht in Plastik verpackt sind, kann man lange suchen.

Manchmal hat man also keine Wahl, man muss das Plastik mitkaufen. Ganz leer blieb der gelbe Sack bei keiner Familie. Trotzdem begann ein richtiger Wettbewerb: Wer braucht am wenigsten gelbe Säcke? Wer kommt vielleicht mit einem einzigen aus? Fünf Wochen sind eine ganz schön lange Zeit ...

Einige Kinder nahmen es ganz genau und suchten das Plastik sogar mit der Lupe. Das ist wirklich wahr. Winzige Plastikteile finden sich ja in vielen Dingen, obwohl sie da niemand vermutet. Mikroplastik nennt man alle Teilchen, die kleiner als fünf Millimeter sind. Noch viel kleinere Plastikteilchen werden absichtlich in manche Kosmetikprodukte oder in Zahnpasta getan. So sollen die Zähne und die Haut noch sauberer werden.

Was in einer Creme wirklich ist, sieht man nur, wenn man Augen wie ein Luchs hat oder wirklich eine Lupe nimmt. Es steht winzig klein geschrieben bei den Inhaltsstoffen. Und dann muss man erst mal wissen, welcher von den vielen Stoffen Mikroplastik ist. „Diese Zahnpasta enthält Mikroplastik", steht nämlich nirgends.

Einige Kinder haben den Test gemacht und selbst nachgeguckt, ob in einer Zahnpasta Mikroplastik steckt. Sie haben einen Kaffeefilter genommen und einen Streifen Zahnpasta in das Filterpapier gedrückt. Dann haben sie Wasser darauf geschüttet, damit die Zahnpasta flüssig wird und durch das Filterpapier tropft. Am Ende war die Zahnpasta verschwunden – aber im Filterpapier lagen winzig kleine Plastik-Kügelchen: das Mikroplastik. (Mit einem Mikroskop konnte man auch noch andere Dinge entdecken: Scheuermittel, die sich nicht in Wasser auflösen.)

Wenn wir an der Käsetheke einkaufen, reichen wir der Verkäuferin eine Tupperdose. Dann braucht sie den Käse nicht einzupacken und spart Folie und Papier.

Andere Kinder haben überlegt, was man tun kann, wenn man keine Plastikfolie mehr verwenden möchte.
Wie soll man den Salat zum Schulfest transportieren, ohne dass Blätter über Bord gehen oder welk werden? Wenn man einen Teller auf die Salatschüssel legt, fällt der leicht herunter.

Die Lösung war einfach, jedenfalls für Kinder, die Bienen haben: Bee wraps! *Bee* heißt Biene, und ein *wrap* ist etwas zum Einwickeln. Bienen-Wickel? Die gibt es wirklich, und sie sind sehr praktisch. Man nimmt ein altes, sauberes Geschirrtuch, verteilt Wachs darauf und bügelt das Wachs (nicht zu heiß), sodass es sich über das ganze Tuch verteilt. (Vorsicht! Man braucht eine Unterlage, am besten Backpapier. Sonst hat man ein gewachstes Bügelbrett.) Mit diesem Tuch kann man Schüsseln abdecken, Dinge einwickeln, Brot frisch halten und vieles mehr. Man kann es lange Zeit benutzen, denn es lässt sich abwaschen. Wenn es hart wird, bügelt man es einfach wieder, bis es schön weich ist.

Müllfriedhof

Die meisten Plastiksorten verrotten nur sehr, sehr langsam. Das ist das Problem. Verrotten bedeutet, dass Müll zu Erde wird. Das geht bei manchen Stoffen ganz schnell, bei anderen dauert es länger. Aber wie lange dauert es genau? Wenn man im Garten einen Kompost hat, kann man den Abfällen beim Verrotten zugucken. Es wäre interessant, wenn man auch bei anderen Stoffen einmal beobachten könnte, wie sie sich verändern und wie lange das dauert.
Die Kinder der Montessori-Schule haben einen Müllfriedhof angelegt. In dem einen Grab liegt Plastik, im anderen ist Papier

beerdigt worden. An anderer Stelle ruht Restmüll. Aber anders als bei einem richtigen Friedhof darf man hier die Gräber öffnen. Wer möchte, kann eine Schaufel nehmen und nachgucken, wie sich der Müll verändert hat. Zeitungspapier zum Beispiel wird braun und ist schon nach wenigen Wochen verschwunden. Wie viele Wochen es sind, hängt davon ab, wie oft es geregnet hat und wie trocken oder feucht der Boden ist. Dem Plastik sind der Boden und der Regen egal. Es liegt unverändert da. Es zersetzt sich einfach nicht. Viele, viele Jahre nicht. Wenn man das selber ausprobiert und mit eigenen Augen sieht, kapiert man es erst richtig.

Meint ihr, dass den Schülern und Lehrern der Montessori Gemeinschaftsschule Saar irgendwann die Ideen ausgehen? Dass ihnen nichts mehr einfällt? Ich glaube nicht. Wenn man einmal angefangen hat, Dinge anders zu machen als alle anderen, und auch „Verrücktes" ausprobiert, dann fällt einem immer noch mehr ein. Die Freude an den Aktionen ist wie Brennstoff fürs Gehirn. Und dieser Brennstoff ist gut fürs Klima!

Bis das Plastik auf dem Müllfriedhof verrottet ist, kann es bis zu 500 Jahre dauern!

Wir drücken die Daumen!

Dieses Buch zu Ende zu schreiben, ist eigentlich unmöglich. Ich kann damit nämlich nicht fertig werden. Nie. Jeden Tag tut sich etwas Neues, jeden Tag findet eine Wissenschaftlerin oder ein Wissenschaftler etwas Neues heraus, jeden Tag hat irgendwo jemand eine neue Idee und probiert aus, ob sie funktioniert. Soll ich dann immer noch ein neues Kapitel schreiben? Und dann noch eins? Dann kommt dieses Buch ja nie zu euch!

Ich höre jetzt also einfach auf, obwohl es noch sooo viel zu erzählen gäbe. Aber ich kann mir nicht verkneifen, hier kurz aufzuzählen, was ich in diesem Buch alles NICHT erzählt habe. (Und dann gibt es ja noch alles, von dem ich noch gar nicht weiß, dass es eines Tages passieren wird!)

Boyan Slat kommt aus Holland. Er war 16 Jahre alt, als er im Urlaub auf einer griechischen Insel tauchen ging. Er wollte Meerestiere beobachten – aber er tauchte zwischen lauter

Müll! Das war eklig, aber es brachte ihn auf eine Idee, und zu Hause fing er an zu experimentieren. Boyan entwickelte eine Plastikmüll-Einfang-Vorrichtung: ein Rohr, das einen Meter dick und 600 Meter lang ist. An diesem Rohr hängt ein Netz, und in dem soll sich das Plastik fangen, das im großen nordatlantischen Plastikmüllstrudel treibt. (Von diesem Strudel erzählt die Geschichte der Quietsche-Enten auf Seite 11.)

Diese Konstruktion auszutüfteln, hat natürlich nicht nur einige Wochen gedauert, auch nicht ein paar Monate, sondern einige Jahre. In der Nordsee startete Boyan mit seinen Mitstreitern die ersten Versuche, und im Sommer 2018 ist sein großes Schiff ausgelaufen – vom Hafen in San Francisco. Das Ziel: Alle fünf Jahre soll die Hälfte des „Plastik-Kontinents" eingefangen und abtransportiert werden. Und das, ohne dabei aus Versehen Tiere einzufangen! Ein Wahnsinnsprojekt. Boyan ist jetzt 24 Jahre alt, hat seine eigene Firma gegründet und lebt ganz für „The Ocean Cleanup". So heißt die Aktion. Auf Deutsch übersetzt: „Das große Meeresputzen". Ob es

gelingt? Das weiß kein Mensch. Aber wäre es nicht wunderbar? Wir drücken die Daumen!
Hier kannst du online mitverfolgen, ob Boyans Plan gelingt: www.theoceancleanup.com.

„Bei jeder neuen Entwicklung gibt es 99 Gründe, wieso etwas schief geht, und nur einen Grund, warum es funktioniert. Man muss sie einfach einen nach dem anderen angehen, von den größeren zu den kleineren Problemen. Wenn die Leute immer nur vernünftig wären, gäbe es keine neue Entwicklung in der Welt."

Boyan Slat

So heißt der Junge wirklich, ausgesprochen wird sein Name ungefähr so: Schuterskatt

Xiuhtexcatl Martinez sieht nicht nur so aus, wie man sich einen amerikanischen Ureinwohner vorstellt, sein Vater ist tatsächlich Azteke aus Mexiko. Seine Mutter ist eine Weiße aus den USA. Die Familie lebt in Colorado ganz nah bei den Rocky Mountains. Als die Kinder klein waren, erzählte der Vater den Kindern die Geschichten seines Volkes, so wie andere Eltern ihren Kindern Märchen erzählen. Und so kam es, dass Xiuhtexcatl schon mit sechs Jahren begann, sich für die Natur zu interessieren – und für die Gefahren, die ihr drohen. Was ihn besonders neugierig machte, war die Frage nach dem Besitz: Wem gehört eigentlich die Erde? Wer hat das Recht, sich ein Stück Land zu nehmen und damit zu machen, was er will? Darf jeder in der Erde graben und ihre Schätze für sich allein nutzen oder verkaufen? Gehört die Erde und alles, was sie uns schenkt, nicht allen Menschen gemeinsam? Xiuhtexcatl war 15 Jahre alt, als er eine Rede vor einer Versammlung der Vereinten Nationen hielt. Damit war er der jüngste Redner, der je vor den Vereinten Nationen gesprochen hat. Er hatte zehn Minuten Zeit, um buchstäblich alle Welt darauf hinzuweisen, dass wir gemeinsam Verantwortung für unseren Planeten tragen und dass es ein Unsinn ist, wenn wir nur an uns selbst und unser eigenes Land denken. Damit redete er den Zuhörern mächtig ins Gewissen!

Im selben Jahr ging Xiuhtexcatl noch einen Schritt weiter: Er verklagte die Regierung der USA. Er findet nämlich, dass eine Regierung, die nicht genug für den Klimaschutz tut, gegen das Recht auf Leben und Freiheit verstößt. Und dieses Recht hat jeder, das steht in der Verfassung. 21 Jugendliche haben sich ihm angeschlossen.

Xiuhtexcatl
Martinez

Ein Jahr später, mit 16 Jahren, wurde er noch mutiger und rief in Colorado zu einer großen Demonstration auf. Er trommelte alle zusammen, die nicht mit der Klimapolitik der

USA einverstanden sind und sich mehr Klima- und Umweltschutz wünschen. „Die Erde ist unsere Mutter!", sangen sie gemeinsam. „Wir werden nicht noch eine bekommen." Überhaupt macht Xiuhtexcatl gerne Musik, deshalb singt und tanzt er manchmal, statt zu reden. Gemeinsam mit seiner Schwester rappt er auch, sie geben sogar Konzerte.

Das Gericht, vor dem Xiuhtexcatl und seine Freunde klagen, hat noch kein Urteil gefällt. Auch da drücken wir die Daumen!

Greta Thunberg lebt in Stockholm. Ihre Eltern sind Künstler, aber in ihrer Familie werden schon seit vielen Jahren jeden Tag Klimafragen diskutiert. 2018 hatte Greta in den Sommerferien eine Idee: Sie wollte zu Beginn des neuen Schuljahrs nur montags bis donnerstags zur Schule gehen. Jeden Freitag wollte sie sich mit einem Schild vor den Reichstag stellen, das schwedische Parlament. Alle Politiker und alle Passanten sollten es lesen.

Und so machte sie es. Als im August für Greta das 9. Schuljahr begann, stellte sie sich mit einem Pappschild vor das Tor des Reichstags. „Schulstreik für das Klima" stand darauf. Am Anfang stand oder saß sie dort allein. Dann begannen sich einige Journalisten für sie zu interessieren. Sie berichteten von einem seltsamen Mädchen, das zwar 15 Jahre alt sei, aber viel jünger aussehe und extrem ernst über das Klima spreche.

Australische Schüler waren die Ersten, die von Greta hörten und ebenfalls mit Streiks begannen. Im November 2018 waren es schon mehr als 10.000 Schüler, die dort in den „Strike 4 Climate" traten. „Wenn wir den Temperaturanstieg nicht auf zwei Grad begrenzen, wird es das Great Barrier Reef nicht mehr lange geben", sagten die Schüler. „Wir sind nur 25 Millionen Menschen, aber wir tragen viel zur weltweiten Luftverpestung bei."

Als die Schule nach den Weihnachtsferien 2018/19 wieder begann, staunten die Erwachsenen in ihren Fernsehsesseln: Fast überall in Europa gingen Schüler am Freitagmorgen nicht zur Schule, sondern zur Demo. Manche Lehrer schimpften – andere gingen mit. Auch viele Eltern und Politiker wussten nicht, was sie von der Sache halten sollten. „Lernt lieber Physik und Chemie, als die Schule zu schwänzen!", sagten die einen. „Die Kinder haben doch recht. Eigentlich sollten wir und nicht sie für ihre Zukunft demonstrieren", meinten die anderen. „Weil ihr Erwachsenen euch nicht für meine Zukunft interessiert, werde ich eure Regeln nicht beachten", sagte Greta. Sie reist inzwischen von Land zu Land – ohne zu fliegen – und unterstützt überall die Streikenden. Im Internet nannte sie ihre Aktion schon im Sommer 2018 „Fridays for Future", und

so heißt die Bewegung jetzt überall auf der Welt.

Im März 2019 nahmen fast zwei Millionen Menschen an den Demonstrationen teil – in mehr als 100 Ländern. 26.800 Wissenschaftler unterstützen als „Scientists for Future" die Streikenden.

Am Anfang machten sich viele über das kleine Mädchen mit den Zöpfen lustig. Jetzt wird sie überall ernst genommen. Und manche sagen: „Wer weiß? Vielleicht bekommt sie eines Tages den Nobelpreis."

Es gibt auch kleinere Aktionen, durch die niemand berühmt wird. Sie können aber trotzdem viel bewirken. In Bad Honnef am Rhein haben zum Beispiel Schülerinnen und Schüler ein Toilettenpapier erfunden, das nicht aus Holz ist, sondern aus Gras hergestellt wird. Wenn es demnächst auf eurem Klo nach Wiese riecht, dann weißt du, dass die Gruppe Erfolg hatte!

Und es gibt Sachen, die erst gut aussehen und die dann doch nicht funktionieren. In Spanien dachte eine junge Wissenschaftlerin, sie hätte etwas ganz Tolles entdeckt: Raupen, die Plastik fressen! Leider hatte sie sich getäuscht. Die Tierchen konnten das Plastik doch nicht verdauen. Aber es war einen Versuch wert!

Andere Wissenschaftler und Wissenschaftlerinnen arbeiten an etwas, das viel größer ist und noch verrückter klingt: Sie wollen CO_2 wieder aus der Luft holen und irgendwo speichern. Manche arbeiten an Filtern, manche überlegen, ob man das CO_2 in den Meeren oder im Boden verschwinden lassen könnte. „Negative Emissionen" sind das Ziel, und das bedeutet: Irgendwann fischen wir mehr CO_2 aus der Luft, als wir hineingeben. Ob das wohl klappen kann?

Überall auf der Welt fragen sich Menschen, ob es noch möglich ist, den Klimawandel zu bremsen. Ist die Aufgabe nicht viel zu groß?
Es gibt noch eine Geschichte, die uns Mut machen kann. Und es ist eine wahre Geschichte, so wie alle anderen Geschichten in diesem Buch auch.
Vor fast 50 Jahren stellten zwei Forscher in den USA fest, dass ein chemischer Stoff, der damals sehr häufig verwendet wurde, die Ozonschicht kaputt macht. Die Ozonschicht ist ungefähr 20 bis 40 Kilometer über der Erde und schützt uns vor den gefährlichen Auswirkungen der Sonnenstrahlen. FCKW, der gefährliche Stoff, den man damals in Kühlschränken und Sprühdosen verwendete, bewirkte, dass die Ozonschicht über dem Südpol ein Loch bekam. Nicht immer war es ein richtiges Loch, zu manchen Jahreszeiten wurde die Ozonschicht an bestimmten Stellen aber extrem dünn. Dadurch bekamen die Menschen auf der südlichen

Halbkugel viele schädliche Sonnenstrahlen ab. Und die bewirkten Hautkrebs.

Nachdem viele Menschen die Sache mit dem Loch erst gar nicht glauben wollten, sammelten Wissenschaftler immer weitere Beweise. Und schließlich konnten sie die Politiker auf der ganzen Welt überzeugen, dass etwas geschehen musste. 1987 wurde FCKW verboten, und seitdem wächst die Ozonschicht wieder zu, und die Gefahr, Hautkrebs zu bekommen, nimmt wieder ab. Ganz ist sie noch nicht vorbei. Voraussichtlich wird es noch 30 Jahre dauern, bis die Ozonschicht wieder so dick ist wie vor 100 Jahren. Aber: Die Vernunft hat gesiegt. Und es war noch nicht zu spät.

Den Klimawandel zu bremsen, ist eine noch größere Aufgabe. Viele Menschen müssen mitmachen, damit das gelingt. Aber auch da haben Wissenschaftler geforscht. Sie wollten nämlich wissen: Wie viele Menschen müssen mitmachen, damit sich auf der Welt richtig große Dinge verändern?
Die Antwort: fünf Prozent genügen, um große Veränderungen zu bewirken. Von 100 Leuten müssen also fünf mitmachen. Das reicht schon. Diese fünf Leute dürfen sich natürlich nicht verstecken, sondern müssen möglichst viele Leute mit ihren Ideen und ihrer Begeisterung anstecken. Und sie müssen zusammenhalten!

„Das, was ist, soll man nicht wichtiger nehmen als das, was sein könnte." Das wussten kluge Menschen zu allen Zeiten.
Jetzt seid ihr dran.

Ein Traum?

Sicher kennst du das: Es ist Morgen, du liegst im Bett, und weil Wochenende ist, kannst du dich noch mal umdrehen und musst nicht sofort aufstehen. Du schläfst nicht wieder ein, so müde bist du nicht. Eigentlich hast du genug geschlafen, und im Zimmer wird es gerade hell. Trotzdem hältst du die Augen geschlossen und ziehst die Bettdecke noch einmal über die Ohren. Es ist einfach so gemütlich hier. Hinter deinen Augenlidern ziehen Bilder vorbei ... eine ganze Geschichte. Ist das jetzt ein Traum oder Wirklichkeit? Du stehst in einem langen Flur vor einer verschlossenen Tür. Du weißt: Da willst du rein. Du musst unbedingt eine gute Freundin besuchen. Sie soll krank sein.

Vorsichtig klopfst du an das Holz.
„Ja?"
Die Stimme aus dem Zimmer klingt etwas schwach.
„Darf ich reinkommen?"
„Klar. Komm nur herein!"
Du öffnest die Tür und trittst vorsichtig in einen großen Raum. Vor dem Fenster, gegenüber der Tür, steht ein sehr großes Bett. Und darin liegt ... die Erde.

Unser Planet. Blau, mit den bekannten großen braunen Flecken. Sie sitzt an ein großes Kissen gelehnt im Bett. Um den Hals trägt sie einen Schal, ihre Wangen sind rot.

Die Erde grummelt irgendetwas, das du nicht verstehen kannst. „Was sagst du?", fragst du zaghaft und bleibst erst mal an der Tür stehen.
„Komm ruhig näher. Mir geht's gerade nicht so gut, deshalb rede ich vielleicht etwas nuschelig", sagt die Erde und dreht sich ein bisschen mehr auf die Seite, um dich besser sehen zu können.
Du stehst immer noch in der Tür. Eigentlich weißt du ja, wie die Erde aussieht, aber so im Bett, mit einem Schal um den Hals und den etwas verquollenen Augen sieht sie doch anders aus, als du sie von deinem Schul- atlas kennst.

„Jetzt komm rein und mach die Tür zu", sagt sie mit Krächzen in der Stimme. „Setz dich ruhig zu mir – oder hast du keine Zeit?"

„Doch, doch! Ich habe Zeit, und außerdem habe ich eine Menge Fragen, die ich dir gerne stellen will. Falls du nicht zu krank bist."

„Nein, nein, das geht schon. Nimm den Stuhl dort, dann reden wir ein bisschen."

Tatsächlich steht ein blauer großer Stuhl an der rechten Wand. Den rückst du ans Bett und setzt dich hin.

„Weißt du", sagt die Erde und räuspert sich umständlich. „Ich bin alt, sogar uralt, und ich habe schon alles Mögliche erlebt. Mich haut eigentlich nichts so leicht um, aber dieser Husten, den ich jetzt habe ... Und dieses Fieber! Ich erinnere mich nicht, dass es mir schon mal so schlecht ging."

„Ach, du Arme! Kann ich irgendwas für dich tun? Gegen Husten hilft bei mir immer Tee. Und Bonbons. Soll ich dir irgendwas holen?"

„Nett, dass du fragst. Aber ich stehe nicht so auf Tee und Bonbons. Mir würde es, glaube ich, schon helfen, wenn ihr die Luft nicht so verpesten würdet. Ich kriege diesen ganzen fiesen Rauch, den ihr dauernd ausstoßt, in die Lunge."

„Rauch?", fragst du erstaunt. „Ich rauche überhaupt nicht."

„Nein, ich meine dieses elende Zeug, das aus den Schornsteinen und aus den Auspuffen der ganzen Autos kommt."

Die Erde hustet, dass das Bett wackelt.

„Ach so. Kann ich mir vorstellen, dass das ungesund ist. Aber woher kommt dein Fieber? Du hast ganz schön rote Backen."

„Ja, das ist auch so ein Mist, der mir langsam Sorgen macht. Mir wird es von Jahr zu Jahr wärmer, manchmal richtig heiß."

„Soll ich das Fenster aufmachen?", fragst du und stehst schon auf.

„Danke, aber ich glaube, ich brauche noch viel mehr frische Luft, als durch so ein kleines Fenster kommt, und vor allem brauche ich eine ordentliche Abkühlung." Die Erde fasst sich an die heiße Stirn.

„Ich kann dir einen kalten Waschlappen bringen!", rufst du und läufst schon zum Waschbecken.

„Du bist wirklich ein extrem nettes Exemplar von Mensch", sagt die Erde und sieht dich freundlich an. „Kalt wie Packeis wäre mir am liebsten. Kriegst du das hin?"

So wahnsinnig kalt ist das Wasser aus dem Hahn nicht, aber du bringst der Erde trotzdem den kühlen Waschlappen und legst ihn vorsichtig ganz oben auf die Stirn, dort, wo das Polarmeer ist. „Besser so?"

„Danke! Ich bin auch schon über kleine Abkühlungen sehr froh", sagt die Erde und sinkt etwas tiefer in die Kissen. Es sieht aus, als wolle sie einfach ihre Ruhe haben. Sollst du dich leise aus dem Zimmer schleichen? Aber du hast doch noch so viele Fragen!

Du guckst dich um. Das Zimmer ist groß, aber das Bett der Erde und der Stuhl, auf dem du sitzt, sind die einzigen Möbel im Raum.

„Liegst du hier eigentlich ganz allein?", fragst du nach einer Weile. „Gibt es keine anderen Patienten?"

„Nein, ich bin ganz allein hier", sagt die Erde. „Ich habe ja noch ein paar Kollegen, die anderen Planeten, aber von denen ist bisher niemand krank geworden."

Die Erde seufzt und schließt die Augen.

„Na ja", sagt sie nach einer Weile leise und nachdenklich. „Bei denen ist ja auch viel weniger los als bei mir. Bisher haben die anderen mich immer beneidet: Nur bei mir gibt es Leben: Tiere, Menschen, grüne Pflanzen ... Bei denen sieht es ganz schön öde aus. Kein anderer Planet ist so schön wie ich. Und so voller Leben."

Wieder schließt die Erde die Augen und seufzt. Mann, ist die müde! Aber dann schaut sie dich wieder freundlich an: „Eigentlich mag ich das ja."

„Was magst du?"

„Diesen ganzen Trubel. Euer Lachen. Den Spaß, den ihr miteinander habt. Aber jetzt übertreibt ihr es langsam."

„Wer übertreibt was?"

„Ihr, ihr Menschen. Ihr macht einen Radau, ihr macht Dreck, ihr hinterlasst ein Chaos ..."

„Magst du uns nicht?", fragst du erschrocken. „Wärst du lieber ohne Menschen?"

„Nein, nein. Ich mag euch schon. Und ich will euch auch gar nicht loswerden. Aber ihr müsst euch wirklich ein bisschen besser benehmen." Die Erde stöhnt leise.

„So schlimm?" Du runzelst die Stirn, als wärst du deine eigene Großmutter und überlegst, ob du den Waschlappen noch mal richtig kalt machen sollst.

„Ihr seid einfach wahnsinnig viele geworden", sagt die Erde. Ihre Stimme hört sich sehr matt an. „Das geht auch den Tieren schon ganz schön auf den Geist."

„Aber ..." Was sollst du dazu sagen?

„Ich gönne es euch wirklich, dass es euch besser geht als vor 100 Jahren", fährt die Erde fort. „Oder vor 1000 Jahren. Oder vor 5000 Jahren. – Mensch, du kannst dir gar nicht vorstellen,

an was für harte Zeiten ich mich erinnere. Ich freue mich für euch, dass weniger Menschen hungern, dass ihr nicht mehr so hart körperlich arbeiten müsst, dass ihr Kinder fast alle in die Schule geht, in richtigen Häusern wohnt, geimpft seid und euch auf ein langes Leben freuen könnt ..."

„Aber? Du hörst dich immer an, als wäre das alles doch nicht so gut", unterbrichst du die Erde.

„Da hast du recht. Es gibt ein fettes ‚Aber': Ihr müsst unbedingt vernünftiger werden, sonst klappt das nicht mit euch allen zusammen auf einer Erde. Ich habe doch keinen Zwilling. Ich kann nicht die Hälfte von euch ausquartieren!"

Jetzt lacht die Erde. Nach einer Weile redet sie weiter.

„Statt euch ein bisschen vernünftig zu benehmen und gerecht zu verteilen, was es bei mir so gibt, streitet ihr euch wie die Kleinkinder im Sandkasten. ‚Hier war ich zuerst! Das gehört mir!' Und dann habt ihr auch noch den verrückten Wunsch, immer alle auf einem Haufen zu wohnen, in den großen Städten. Da knubbelt es sich schon so, dass ich Druckstellen bekomme. Kein Wunder, dass sogar manche von euch es dort nicht mehr aushalten, so laut und eng ist es geworden. Meine Güte, verteilt euch doch mal ein bisschen!"

Hui, hui! Die Erde ist zwar krank, aber sie kann sich noch ganz schön aufregen!

„Ich wohne gar nicht in einer Riesenstadt", sagst du leise.

„Unser Ort ist klein. Wenn wir einkaufen wollen, müssen wir richtig weit fahren."

„Mit dem Auto", seufzt die Erde. „Ich ahne es schon ..."

„Weil es nicht anders geht!" Jetzt findest du, dass die Erde dich echt ein bisschen ungerecht behandelt. Da kannst du doch nichts dafür!

„Ich würde ja mit dem Bus fahren, wenn es einen gäbe!", sagst du jetzt genauso laut wie die Erde.

„Sag bloß, ihr schafft es, mit einem Raumschiff zum Mond zu fliegen – aber in die nächste Stadt fährt kein Bus?"

Die Erde muss lachen und fängt dabei wieder an zu husten.

„Ja, hört sich doof an, aber so ist es."

Jetzt schüttelst du schon den Kopf wie die alte Erde.

„Ich hätte einen Tipp für euch", sagt sie, nachdem sie mit Husten fertig ist. „Ihr mögt doch meine Naturschutzgebiete, diese Gegenden auf mir, in denen man die Natur pflegt, auf die Tiere achtet, keinen Müll liegen lässt. Wie wäre es, wenn ihr mich als ganze, so rund und dick, wie ich hier liege, wie ein Naturschutzgebiet behandeln würdet? Ich brauche nämlich echt eine Kur, so was wie einen Urlaub, eine Pause..."

Durchs Fenster siehst du, dass es draußen hell geworden ist.

„Darf ich dich mal was fragen, Erde?"

„Nur zu!"

„Diese ganze Sache mit dem Klimawandel – stimmt die eigentlich? Oder glauben manche Leute dran, und manche glauben eben nicht dran? So wie an UFOs oder Marsmännchen?"

Jetzt prustet die Erde so los, dass sie sich an ihrem eigenem Lachen verschluckt. Und schon kriegt sie wieder einen schrecklichen Hustenanfall.

„Ihr seid echt lustig!
‚Muss man daran
glauben!?' Ihr Scherz-
kekse! Ich muss
daran glauben, ich!
Die Wissenschaftler,
die an den Nordpol
fahren und das Eis
vermessen – glaubst
du, das sind Märchener-
zähler, die sich schaurige
Geschichten ausdenken, um
euch zu erschrecken? Und meinst
du, die Satelliten, die dauernd um mich
herumdüsen, denken sich die Zahlen aus, die
sie zu mir runterschicken? Satelliten sind völlig fantasielos,

die können nur messen und aufzeichnen! Ich glaube eher, dass andere an Märchen glauben: die, die meinen, der ganze Klimawandel passiert nicht oder erst irgendwann, wenn sie selber schon lange tot sind. Und ich weiß auch, warum sie an dieses Märchen glauben: weil sie keine Lust haben, ihr Verhalten zu ändern. Oder weil sie damit Geld verdienen, dass sie mich krank machen."

Manno, ist die Erde jetzt wütend! Ihr Kopf wird noch roter, als er ohnehin schon war.

„Man kann leider mit Klima-Schweinereien richtig viel Geld verdienen. Du weißt schon: Autos, die so groß und schwer wie Panzer sind, und der ganze andere Krempel, den eigentlich kein Mensch braucht, den sich verrückterweise aber viele wünschen – weil sie damit protzen wollen! Und könnt ihr euch bitte mal mit irgendwas beschäftigen, was keinen Strom frisst? Macht euch sonst nichts Spaß?"

Du ziehst den Kopf ein, und die Erde reißt sich den Schal vom Hals, so dass man Feuerland sehen kann. „Diese Hitze macht mich fertig!" Dann spricht sie krächzend weiter: „Weißt du, wie ihr mir vorkommt? Wie Leute, die jeden Tag zwei Tüten Gummibärchen essen und drei Flaschen Cola trinken. Dabei wissen sie, dass das total ungesund ist. Sie wissen es ganz genau, und sie nehmen sich auch fest vor: Ab morgen höre ich damit auf! Oder vielleicht nicht ab morgen, sondern ab übermorgen. Oder ab dem nächsten Jahr. Oder nach meinem nächsten runden Geburtstag … Aber jetzt mache ich erst mal noch eine neue Tüte und eine neue Flasche auf. Und so geht es immer weiter. Eure Politiker versprechen ganz großartige und sehr vernünftige Sachen. Sie wollen nur nicht morgen damit anfangen, sondern in fünf Jahren oder in zehn oder in 20 ..."

Die Erde schließt müde die Augen. Vielleicht ist sie erschöpft nach ihrem Wutanfall?

„Kommt hier manchmal eine Ärztin vorbei?", fragst du etwas besorgt. „Oder ein Pfleger? Ich meine, irgendjemand muss sich ja um dich kümmern, du kannst ja nicht einfach weiter hier so liegen ..."

„Na ja, ich bin, wie gesagt, ganz schön zäh. Wenn man so ein paar Millionen Jahre auf dem Buckel hat, ist man nicht so leicht zu erschüttern. Und außerdem habe ich doch gerade Besuch von einem Arzt."

Du schaust dich um. Ist da jemand ins Zimmer getreten, und du hast es nicht gemerkt? – Nein.

„Du bist der Arzt", sagt die Erde. „Danke, dass du gekommen bist!"

Meint die Erde das ernst?

„Aber ich bin doch ein Kind!", antwortest du erschrocken. „Ich bin nicht berühmt, ich habe kein Geld, und ich darf noch nicht mal wählen."

„Aber du bist ja nicht das einzige Kind auf der Welt. Tu dich mit anderen zusammen. Es gibt sogar ganz vernünftige Erwachsene, die nicht nur an sich, sondern an ihre Enkel und Urenkel denken. Zusammen seid ihr ein prima Pflegeteam. Ihr kriegt das hin."

Du schlägst die Bettdecke zurück.

„Willst du kein Frühstück?", ruft deine Schwester aus der Küche.
„Doch! Ich hab nur gerade geträumt ..."
Oder nicht?

Zum Entstehen dieses Buches haben viele Menschen beigetragen. Besonders danke ich Marina Fecke, Elisabeth Frank, Dr. Justus von Geibler, Stefanie Hoffmann, Dr. Diether Koch, Markus Mischke, Nora Parasie, Iman Shooshtari, Heike Werner und allen Schulklassen, die einzelne Kapitel des Manuskripts im Unterricht „ausprobiert" und mit ihren Fragen und Ideen bereichert haben.

Wer hat dieses Buch geschrieben,
wer hat die Bilder gemalt?

Hanna Schott ist Autorin vieler erfolgreicher Bücher für Kinder und Erwachsene. Sie lebt in Haan/Rheinland.

www.hanna-schott.de

Volker Konrad ist Grafik-Designer und als selbstständiger Illustrator in Münster tätig.

www.volkerkonrad.eu

Inhaltsverzeichnis

Druck und Bindung des vorliegenden Buches erfolgten klimaneutral in Deutschland

Das verwendete Papier ist FSC®-zertifiziert. Als unabhängige, gemeinnützige, nichtstaatliche Organisation hat sich der Forest Stewardship Council® (FSC®) die Förderung des verantwortungsvollen und nachhaltigen Umgangs mit den Wäldern der Welt zum Ziel gesetzt

Umschlaggestaltung: spoon design, Olaf Johannson
Umschlagbild und Illustrationen: Volker Konrad
Satz: Neufeld Media, Weißenburg in Bayern
Herstellung: Himmer GmbH Druckerei & Verlag, Steinerne Furt 95, 86167 Augsburg

3. Auflage 2019

© 2019 Neufeld Verlag, Sauerbruchstraße 16, 27478 Cuxhaven

ISBN 978-3-86256-098-1, Bestell-Nr. 590 098

www.neufeld-verlag.de / www.neufeld-verlag.ch

Bleiben Sie auf dem Laufenden:
newsletter.neufeld-verlag.de
www.**facebook**.com/NeufeldVerlag
www.neufeld-verlag.de/**blog**

NEUFELD VERLAG